DE LA IRA

Séneca

Libro primero

I. Me exigiste, caro Novato, que te escribiese acerca de la manera de dominar la ira, y creo que, no sin causa, temes muy principalmente a esta pasión, que es la más sombría y desenfrenada de todas. Las otras tienen sin duda algo de quietas y plácidas; pero esta es toda agitación, desenfreno en el resentimiento, sed de guerra, de sangre, de suplicios, arrebato de furores sobrehumanos, olvidándose de sí misma con tal de dañar a los demás, lanzándose en medio de las espadas, y ávida de venganzas que a su vez traen un vengador. Por esta razón algunos varones sabios definieron la ira llamándola locura breve; porque, impotente como aquélla para dominarse, olvida toda conveniencia, desconoce todo afecto, es obstinada y terca en lo que se propone, sorda a los consejos de la razón, agitándose por causas vanas, inhábil para distinguir lo justo y verdadero, pareciéndose a esas ruinas que se rompen sobra aquello mismo que aplastan. Para que te convenzas de que no existe razón en aquellos a quienes domina la ira, observa sus actitudes. Porque así como la locura tiene sus señales ciertas, frente triste, andar precipitado, manos convulsas, tez cambiante, respiración anhelosa y entrecortada, así también presenta estas señales el hombre iracundo. Inflámanse sus ojos y centellean; intenso color rojo cubre su semblante, hierve la sangre en las cavidades de su corazón, tiémblanle los labios, aprieta los dientes, el cabello se levanta y eriza, su respiración es corta y ruidosa, sus coyunturas crujen y se retuercen, gime y ruge; su palabra es torpe y entrecortada, chocan frecuentemente sus manos, sus pies golpean el suelo, agítase todo su cuerpo, y cada gesto es una amenaza: así se nos presente aquel a quien hincha y descompone la ira. Imposible saber si este vicio es más detestable que deforme. Pueden ocultarse los demás, alimentarles en secreto; pero la ira se revela en el semblante, y cuanto mayor es, mejor se manifiesta. ¿No ves en todos los animales señales precursoras cuando se aprestan al combate, abandonando todos los miembros la calma de su actitud ordinaria, y exaltándose su ferocidad? El jabalí lanza espuma y aguza contra los troncos sus colmillos; el toro da cornadas al aire, y levanta arena con los pies; ruge el león; hínchase el cuello de la serpiente irritada, y el perro atacado de rabia tiene siniestro aspecto. No hay animal, por terrible y dañino que sea, que no muestre, cuando le domina la ira, mayor ferocidad. No ignoro que existen otras pasiones difíciles de ocultar: la incontinencia, el miedo, la audacia tienen sus señales propias y pueden conocerse de antemano; porque no existe ningún pensamiento interior algo violento que no altere de algún modo el semblante. ¿En qué se diferencia, pues, la ira de estas otras pasiones? En que éstas se muestran y aquélla centellea.

II. Si quieres considerar ahora sus efectos y estragos, verás que ninguna calamidad costó más al género humano. Verás los asesinatos, envenenamientos, las mutuas acusaciones de cómplices, la desolación de ciudades, las ruinas de naciones enteras, las cabezas de sus jefes vendidas al mejor postor, las antorchas incendiarias aplicadas a las casas, las llamas franqueando los recintos amurallados y en vastas extensiones de país brillando las hogueras enemigas. Considera aquellas insignes ciudades cuyo asiento apenas se reconoce hoy: la ira las destruyó; contempla esas inmensas soledades deshabitadas; la ira formó esos desiertos. Considera tantos varones eminentes trasmitidos a nuestra memoria «como ejemplos del hado fatal»: la ira hiere a uno en su lecho, a otro en el sagrado del banquete; inmola a éste delante de las leyes en medio del espectáculo del foro, obliga a aquél a dar su sangre a un hijo parricida; a un rey a presentar la garganta al puñal de un esclavo, a aquel otro a extender los brazos en una cruz. Y hasta ahora solamente he hablado de víctimas aisladas; ¿qué será si omitiendo aquellos contra quienes se ha desencadenado particularmente la ira, fijas la vista en asambleas destruidas por el hierro, en todo un pueblo entregado en conjunto a la espada del soldado, en naciones enteras confundidas en la misma ruina, entregadas a la misma muerte... como habiendo abandonado todo cuidado propio o despreciado la autoridad? ¿Por qué se irrita tan injustamente el pueblo contra los gladiadores si no mueren en graciosa actitud? considérase despreciado, y por sus gestos y violencias, de espectador se trueca en enemigo. Este sentimiento, sea el que quiera, no es ciertamente ira, sino cuasi ira; es el de los niños que, cuando caen, quieren que se azote al suelo, y frecuentemente no saben contra quién se irritan: irrítanse sin razón ni ofensa, pero no sin apariencia de ella ni sin deseo de castigar. Engáñanles golpes fingidos, ruegos y lágrimas simuladas les calman, y la falsa ofensa desaparece ante falsa venganza.

III. «Nos irritamos con frecuencia, dicen algunos, no contra los que ofenden, sino contra los que han de ofender, lo cual demuestra que la ira no brota solamente de la ofensa». Verdad es que nos irritamos contra los que han de ofendernos; pero nos ofenden con sus mismos pensamientos, y el que medita una ofensa, ya la ha comenzado. «Para que te convenzas, dicen, de que la ira no consiste en el deseo de castigar, considera cuántas veces se irritan los más débiles contra los más poderosos: ahora bien, éstos no desean un castigo que no pueden esperar». En primer lugar, hemos dicho que la ira es el deseo y no la facultad de castigar, y los hombres desean también aquello que no pueden conseguir. Además, nadie es tan humilde que no pueda esperar vengarse hasta del más encumbrado: para hacer daño somos muy poderosos. La definición de Aristóteles no se separa mucho de la nuestra, porque dice que la ira es el deseo de devolver el daño. Largo sería examinar detalladamente en qué se diferencia esta definición de la nuestra. Objétase contra las dos que los animales sienten la ira y esto sin recibir daño, sin idea de castigar o de causarlo, porque aunque lo causen, no lo meditan. Pero debemos contestar que los animales carecen de ira, como todo aquello que no es hombre; porque, si bien enemiga de la razón, solamente se desarrolla en el ser capaz de razón. Los animales sienten violencia, rabia, ferocidad, arrebato, pero no conocen más la ira que la lujuria, aunque para algunas voluptuosidades sean más intemperantes que nosotros. No debes creer aquel que dijo:

Non aper irasci meminit, non fidere cursu
Cerva, nec armentis incurrere fortibus ursi[1];

porque cuando dice encolerizarse, entiende excitarse, lanzarse, pues no saben mejor encolerizarse que perdonar. Los animales son extraños a las pasiones humanas, experimentando solamente impulsos que se les parecen No siendo así, si comprendiesen el amor, sentirían odios; si conociesen la amistad, tendrían enemistad; si entre ellos hubiese discusión, habría concordia; de todo esto presentan algunas señales, pero el bien y el mal son propios del corazón humano. A nadie más que al hombre se concedieron la previsión, observación, pensamiento; y no solamente sus virtudes, sino que también sus vicios están prohibidos a los animales. Su interior, como su conformación exterior, se diferencia del hombre. Verdad es que tienen esta facultad soberana, este principio motor, llamado de otra manera, como tienen una voz, pero inarticulada, confusa e impropia para formar palabras; como tienen una lengua, pero encadenada y no libre para moverse en todos sentidos: así también el principio motor tiene poca delicadeza y desarrollo. Percibe, pues, la imagen y forma de las cosas que le llevan al movimiento, pero la percepción es oscura y confusa. De aquí la violencia de sus arrebatos y trasportes; pero no existe en ellos temor ni solicitud, tristeza ni ira, sino algo parecido a tales pasiones. Por esta razón sus impresiones desaparecen muy pronto dejando lugar a las contrarias, y después de los furores más violentos y de los terrores más profundos, pastan tranquilamente, y a los estremecimientos y arrebatos más desordenados suceden en el acto la quietud y el sueño.

IV. Suficientemente explicado está qué es la ira; claramente se ve en qué se diferencia de la irritabilidad; en lo mismo que la embriaguez se diferencia de la borrachez y el miedo de la timidez. El encolerizado puede no ser iracundo, y el iracundo puede algunas veces no estar encolerizado. Omitiré los términos con que designan los Griegos varias especies de ira, porque no tienen equivalencia entre nosotros; a pesar de que decimos carácter agrio, acerbo, como también inflamable, arrebatado, gritón, áspero, difícil; pero todos ellos solamente son diferencias de la ira. Entre todos éstos puedes colocar el moroso, refinado género de ira. Iras hay que se disipan con gritos; otras tan tenaces como frecuentes; algunas prontas a la violencia y avaras de palabras; éstas prorrumpen en injurias y amargas invectivas; aquéllas no pasan de la queja y aversión; otras son graves y reconcentradas, existiendo mil formas distintas de este móvil vicio.

V. Hemos investigado qué sea la ira, si es propia de algún animal además del hombre, en qué se diferencia de la irascibilidad y cuáles sean sus formas: averigüemos ahora si está conforme con la naturaleza, si es útil, si bajo algún aspecto deba mantenerse. Claramente se ve si está conforme con la naturaleza, considerando al hombre. ¿Qué hay más dulce que él mientras persevera en el hábito ordinario de su espíritu? ¿Qué cosa más cruel que la ira? ¿Qué ser más amante que el hombre? ¿Qué hay más repugnante que la ira? El hombre ha nacido para ayudar al hombre; la ira para la destrucción común. El hombre busca la sociedad, la ira el aislamiento; el hombre quiere ser útil, la ira quiere dañar; el hombre socorre hasta a los desconocidos, la ira hiere hasta a los amigos más íntimos; el hombre está dispuesto a sacrificarse por los intereses ajenos, la ira se precipita en el peligro con tal de arrastrar consigo a otro. Ahora bien: ¿podrá desconocerse más la naturaleza que atribuyendo a su obra mejor, a la más perfecta, este vicio tan feroz y funesto? La ira, como hemos dicho, es ávida de venganza, y no está conforme con la naturaleza del hombre que tal deseo penetre en su tranquilo pecho. La vida humana descansa en los beneficios y la concordia; y no el terror, sino el amor mutuo estrecha la alianza de los comunes auxilios.-¡Cómo! ¿el castigo no es a veces una necesidad? -Ciertamente, pero debe ser justo y razonado; porque no daña, sino que cura aparentando dañar. De la misma manera que pasamos por el fuego, para enderezar los, ciertos maderos torcidos, y los comprimimos por medio de cuñas, no para romperlos, sino para estirarlos; así también corregimos por medio de las penas del cuerpo y del espíritu los caracteres viciados. En las enfermedades del espíritu leves, el médico ensaya ante todo ligeras variaciones en el régimen ordinario, regula el orden de comidas, de bebidas, de ejercicios, y procura robustecer la salud cambiando solamente la manera de vivir; en seguida observa la eficacia del régimen, y si no responde suprime o cercena algo; si tampoco produce esto resultados, prohibe toda comida y alivia al cuerpo con la dieta; si todos estos cuidados son inútiles, hiere la vena y pone mano en los miembros que podrían corromper las partes inmediatas y propagar el contagio: ningún tratamiento parece duro si el resultado es saludable. Así también, el depositario de las leyes, el jefe de una ciudad, deberá, por cuanto tiempo pueda, no emplear en el tratamiento de los espíritus otra cosa que palabras, y éstas blandas, que les persuadan de sus deberes, ganen los corazones al amor de lo justo y de lo honesto, y les hagan comprender el horror al vicio y el valor de la virtud; en seguida empleará lenguaje más severo, que sea advertencia y reprensión; después acudirá a los castigos, pero éstos leves y revocables, no aplicando los últimos suplicios más que a los crímenes enormes, con objeto de que nadie muera sino aquel que, muriendo, tiene interés en morir.

VI. La única diferencia que media entre el magistrado y el médico consiste en que éste, cuando no puede dar la vida, procura dulcificar la muerte, y aquél añade a la muerte del criminal la infamia y la publicidad; y no es que se complazca en el castigo (el sabio está muy lejos de tan inhumana crueldad), sino que su objeto es ofrecer enseñanza a todos, para que aquellos que en vida rehusaron ser útiles a la república, lo sean al menos con su muerte. El hombre no es, pues, ávido de venganza por naturaleza, y, por consiguiente, si la ira es ávida de venganza, dedúcese que no está conforme con la naturaleza del hombre. Aduciré el argumento de Platón, porque ¿quién puede prohibirnos que tomemos de los ajenos aquello que está conforme con lo nuestro? «El varón bueno, dice, no daña a nadie: es así que la venganza daña; luego la venganza no conviene al varón bueno, como tampoco la ira, porque la venganza conviene con ella». Si el varón bueno no goza en la venganza, tampoco se complacerá en un sentimiento cuyo goce es la venganza; luego la cólera no es natural.

VII. Aunque la ira no sea natural, ¿se deberá acoger en razón a que muchas veces ha sido útil? Exalta y levanta el ánimo, y en la guerra nada grande hace sin ella el valor, si no toma algo de su fuego, si no le arrastra ese impulso que lanza al audaz en medio de los peligros. Por esta razón creen algunos que es bueno moderar la ira, pero no extinguirla por completo; cercenar lo que tiene de excesivo, para encerrarla en proporción saludable; retener especialmente la energía, sin la cual toda acción sería lánguida, extinguiéndose todo vigor y toda fuerza de ánimo. En primer lugar, más fácil es excluir lo pernicioso que gobernarlo, no admitirlo que ordenarlo después de admitido. En cuanto toma posesión, es más fuerte que la templanza y no soporta freno ni restricciones. Además, la razón misma, a la que se confían las riendas, no tiene fuerza sino mientras permanece separada de las pasiones; si se mezcla a ellas, si se contamina con su contacto, no puede reprimir ya lo que hubiese podido arrojar. Conmovida una vez el alma y fuera de su asiento, obedece a la mano que la impulsa. Existen ciertas cosas que en su principio dependen de nosotros; cuando avanzan, nos arrastran por sus propias fuerzas y no permiten retroceso. El que se lanza a un precipicio no es dueño de sí mismo, no puede impedir ni detener su caída, irrevocable impulso destruye toda voluntad y arrepentimiento, y no puede dejar de llegar allí donde hubiese podido no ir; de la misma manera el ánimo que se ha abandonado a la ira, al amor y a las demás pasiones, no puede contener ya su impulso, necesario es que se vea arrastrado hasta el fin y precipitado con todo su peso por la rápida pendiente del vicio.

VIII. Lo mejor es rechazar desde luego los primeros impulsos de la ira, sofocarla en su raíz y procurar no caer en su dominio. Porque si le presentamos el lado débil, es difícil librarse de ella por la retirada, porque es cierto que no queda ya razón cuando damos entrada a la pasión permitiéndole algún derecho por nuestra propia voluntad. La pasión hará en seguida cuanto quiera, no limitándose a aquello que se le permita. Ante todo, repito, debe arrojarse al enemigo desde la plaza; cuando ha penetrado, cuando ha forzado las puertas, no recibe ya la ley del vencido. Porque el ánimo no permanece ahora apartado ni vigila desde fuera las pasiones para impedirlas llegar más allá de lo conveniente, sino que se identifica con ellas, y por esta razón no puede ya recoger en sí mismo esta fuerza útil y saludable que él mismo ha vendido y paralizado. Porque, como ya he dicho, cada cosa de estas no tiene sitio distinto y separado, sino que la razón y la pasión no son más que modificaciones del alma en bien o en mal.-Pero, dicen, hombres hay que se contienen en la ira.-¿Acaso no haciendo nada de lo que la ira les aconseja o escuchándola en algo? Si nada hacen, claro es que no es necesaria la ira para impulsarnos a obrar, mientras que vosotros la invocáis como si tuviese algo más poderoso que la razón. Además, yo pregunto: ¿es más fuerte que la razón o más débil? Si es más fuerte, ¿cómo puede señalarle límites la razón, cuando solamente la impotencia acostumbra obedecer? Si es más débil, la razón puede bastarse sin ella para alcanzar sus fines y para nada necesita auxilios de lo que es débil.-Pero existen iracundos que se dominan y contienen.-¿De qué manera? Cuando la ira se ha extinguido ya y disipado por sí misma; no cuando está en su efervescencia, porque entonces es soberana.-¿Cómo? ¿no se despide incólumes algunas veces a aquellos a quienes se odia, absteniéndonos de causarles daño?-Sin duda; pero ¿cuándo? Cuando una pasión combate a otra y el miedo o la avidez consiguen alguna ventaja: esta templanza no es beneficio de la razón, sino tregua pérfida e inconstante de las pasiones.

IX. La ira, en fin, nada útil tiene en sí, nada que impulse al ánimo a las cosas bélicas; porque nunca se apoyó la virtud en el vicio, bastándose a sí misma. Cuantas veces necesita realizar esfuerzos, no se irrita; írguese, y, según lo considera necesario, se anima o se calma; así, pues, cuando las máquinas lanzan los dardos, su alcance depende del que los dirige. «La ira, dice Aristóteles, es necesaria; de nada se triunfa sin ella, si no llena al alma, si no calienta al corazón; debe, pues, servirnos, no como jefe, sino como soldado». Esto es falso. Porque si escucha a la razón y se deja conducir a donde la llevan, ya no es ira, cuyo carácter propio es la rebelión. Si resiste, si arrastrada por sus caprichos y presunción no se detiene cuando se la manda, es para el alma un instrumento tan inútil como el soldado que no obedece a la señal de retirada. Si pues soporta que se le imponga freno, necesario es darla otro nombre, porque deja de ser ira, que solamente comprendo como violenta e indomable; si no lo soporta, es perniciosa y no puede contarse entre los auxiliares. Luego o no es ira o es inútil. Porque si alguno castiga, no por sed de castigar, sino porque debe hacerlo, no debe contársele entre los iracundos. Soldado útil es el que sabe obedecer la orden; pero las pasiones son instrumentos tan malos como malos guías. Así, pues, la razón nunca tomará por auxiliares impulsos tan imprevisores como desordenados, sobre los cuales no tendría autoridad alguna y que solamente podrá reprimir oponiéndoles impulsos semejantes, como el miedo a la ira, la ira a la inercia, la avidez al temor.

X. Líbrese la virtud de la desgracia de ver alguna vez a la razón recurrir a los vicios. Con ellos no puede conseguir el ánimo reposo duradero; necesariamente le agitarán y atormentarán: si no tiene otro impulso que estos males, si solamente a la ira debe su valor, a la avidez su actividad, su reposo al temor, vivirá en la tiranía y será esclavo de cada pasión. ¿No avergüenza poner las virtudes bajo el patronato de los vicios? La fuerza de la razón cesa desde el momento en que nada puede sin las pasiones y se hace igual a ellas. Porque ¿qué diferencia media entre la una y las otras, si la pasión es ciega sin la razón y la razón impotente sin la pasión? Igualdad hay en cuanto la una no puede existir sin la otra. Ahora bien: ¿cómo consentir que la pasión se coloque en el mismo rango que la razón? «La ira, dices, es útil si es moderada». Antes debes decir si por su propia naturaleza es útil, pero si es rebelde a la autoridad y a la razón, lo único que se consigue moderándola es que cuanto menos poderosa sea, perjudique menos. Luego una pasión moderada no es otra cosa que un mal moderado.

XI. «Pero contra los enemigos, dicen, la ira es necesaria». Nunca lo es menos: en la guerra no deben ser los movimientos desordenados, sino arreglados y dóciles. ¿Qué otra cosa hizo a los Bárbaros inferiores a nosotros, cuando tienen cuerpos más robustos, más fuertes y endurecidos en los trabajos, sino es la ira, perjudicial siempre por sí misma? Al gladiador también lo protege el arte, y le expone la ira. Además, ¿cómo necesitar la ira cuando la razón consigue el mismo objeto? ¿Crees, acaso, que el cazador monta en ira contra las fieras? Espéralas cuando le acometen, las persigue en su fuga, y la razón hace todo esto en calma. ¿A qué se debe que tantos millares de Cimbrios y de Teutones desparramados por los Alpes, fuesen destruidos por tal matanza que, no quedando mensajero, la fama sola llevó a su país la nueva de tan inmensa derrota, sino a que la ira reemplazaba en ellos al valor? Si algunas veces derriba y destruye todos los obstáculos, frecuentemente también se pierde a sí misma. ¿Quiénes más animosos que los Germanos? ¿Quiénes más impetuosos en el ataque? ¿Quiénes más apasionados por las armas, en medio de las que nacen y crecen, formando su principal cuidado, mostrándose indiferentes para todo lo demás? ¿Quiénes más endurecidos en los sufrimientos, cuando la mayor parte de ellos ni siquiera piensan en cubrir sus cuerpos ni abrigarlos contra los perpetuos rigores de su clima? Y sin embargo, tales hombres quedan derrotados por los Españoles, por los Galos, por las endebles tropas del Asia y de la Siberia antes de que se presente una legión romana; porque nada hay como la ira para favorecer las derrotas. La razón da disciplina a esos cuerpos, a esas almas que ignoran las delicias, el lujo y las riquezas: para no decir nada excesivo, necesario será que nos fijemos en las antiguas costumbres romanas. ¿Por qué medio reanimó Fabiano las extenuadas fuerzas del Imperio? Supo contemporizar, esperar, tener paciencia, cosas todas que no puede hacer el iracundo. El Imperio perecía, encontrándose ya en la pendiente del abismo, si Fabiano hubiese intentado lo que le aconsejaba la ira. Pero atendió al bien público, y calculando sus recursos, de los que ni uno solo podía arriesgar sin arriesgarlo todo, prescindió de resentimientos y venganzas. Atento solamente a aprovechar las ocasiones, venció la ira antes de vencer a Aníbal. ¿Qué hizo Scipión? Alejándose de Aníbal, del ejército púnico y de todo aquello que debía irritarle, llevó la guerra al África con lentitud tan calculada, que la envidia puede acusarle de molicie e indolencia. ¿Qué hizo el otro Scipión? ¿No se mantuvo con perseverante obstinación alrededor de Numancia, soportando con firmeza aquel dolor tan personal como público de ver a Numancia más lenta para caer que Cartago? Y entre tanto estrecha y encierra al enemigo hasta reducirlo a sucumbir ajo su propia espada.

XII. No es, por consiguiente, útil la ira en los combates ni en la guerra, porque es pronta para la temeridad y no sabe evitar los peligros en que se compromete. El verdadero valor es siempre circunspecto, se previene y avanza con reflexión.-¡Cómo! El varón honrado, ¿no se irritará si ve maltratar a su padre o arrebatar a su madre? -No se irritará, pero correrá a libertarles y defenderles ¿Crees acaso que la piedad filial no sea móvil bastante poderoso hasta sin ira? De la misma manera puedes decir:-¡Cómo! El hombre honrado, si ve a su padre o a su hijo bajo el hierro del operador, ¿no llorará, no caerá desmayado? -Esto es lo que vemos acontecer a las mujeres siempre que les asalta la sospecha de leve peligro. El varón honrado cumple, sus deberes sin turbación ni temor, y no hará nada que sea indigno del hombre. ¿Quieren matar a mi padre? le defenderé. ¿Le han dado muerte? le vengaré, por deber, no por resentimiento. Cuando nos opones estos argumentos, oh Teófrato quieres hacer odiosos preceptos enérgicos, y abandonando al juez te diriges a la multitud: porque todos se irritan cuando los suyos corren riesgos de este género, crees que todos los hombres decidirán que debe hacerse lo que ellos hacen, porque casi siempre se justifica aquel sentimiento que reconocemos en nosotros mismos. Los varones honrados se irritarán si se ultraja a los suyos; pero no harán lo mismo si no se les sirve bastante caliente una bebida, si rompen una copa o les salpican de lodo el calzado. Estas iras no las provoca el cariño, sino la debilidad, y por esta razón lloran los niños la pérdida de sus padres como la de un juguete. Irritarse por los propios no es de ánimo piadoso, sino enfermo. Lo bello, lo digno es mostrarse defensor de los padres, de los hijos, de los amigos, de los conciudadanos, ante la voz del deber; defensor voluntario, reflexivo, previsor, y no ciego y furioso. No hay pasión tan ávida de venganza como la ira, y por lo tanto, en su loca precipitación, menos a propósito para vengarse; siendo semejante a las demás pasiones que se entorpecen a sí mismas para conseguir aquello que pretenden. Así, pues, nunca es buena la ira ni en paz ni en guerra, porque hace semejante a la paz a la guerra, y en las armas olvida que Marte ofrece, probabilidades comunes, y cae en poder de otro porque no tiene poder sobre sí mismo. Además, el que los vicios hayan producido a las veces algún bien, no se sigue que haya de adoptarse su uso; porque la fiebre cura algunas enfermedades, pero no por ello deja de ser preferible no haberla tenido jamás. Detestable remedio es deber la salud a la enfermedad. De la misma manera, porque la ira haya sido provechosa alguna vez por casualidad, como puede acontecer con el veneno, una caída, un naufragio, no debe, sin embargo, creerse como absolutamente saludable, porque también ha salvado alguna vez la peste.

XIII. Además, todo aquello que se cuenta entre los bienes es tanto mejor y tanto más deseable cuanto se encuentra más desarrollado. Si la justicia es un bien, nadie dirá que es mejor si se la cercena una parte: si el valor es un bien, nadie deseará que se le suprima algo: luego de la misma manera cuanto mayor sea la ira, mejor será. ¿Quién rehusará el aumento de un bien? Es así que su aumento es inútil, luego también su existencia. No es bien aquello que al desarrollarse es un mal. -La ira es útil, dicen, porque da atrevimiento en los combates. -Lo mismo debe decirse de la embriaguez, porque hace insolentes y audaces, debiéndole muchos su valor. También habrá de decirse que el frenesí y el delirio son necesarios a la fuerza, porque la locura las aumenta. ¡Cómo! el miedo mismo, ¿no ha inspirado algunas veces audacia por sentimiento contrario? Y el temor de la muerte, ¿no ha lanzado a los más cobardes al combate? Pero la ira, la embriaguez, el miedo y todo sentimiento de igual naturaleza, son móviles vergonzosos y precarios; no robustecen la virtud, que no necesita de los vicios, y solamente algunas veces levantan algo un ánimo cobarde y débil. Ninguno es animoso antes sin ella. Así, pues, no viene en auxilio del valor, sino a reemplazarle. ¡Cómo! si la ira fuese un bien, ¿no la veríamos en los más perfectos? pero los más irascibles son los enfermos, los ancianos y los niños, y todo ser débil es por naturaleza batallador.

XIV. «Imposible es, dice Teofrasto, que el varón bueno no se irrite contra los malvados». Según esto, cuanto mejor sea el hombre, más irascible será. Considera, por el contrario, si no es más dulce y se encuentra más libre de toda pasión y de todo odio. ¿Por qué ha de odiarse a los que obran mal si le arrastra el error? No es propio del sabio odiar a los que se extravían: de otra manera, se odiará a sí mismo. Recuerde cuántas cosas ha hecho contra la ley del deber, cuántas acciones suyas necesitan indulgencia, y tendrá que irritarse contra sí mismo, porque el juez equitativo de la misma manera sentencia en su propia causa que en la ajena. No se encuentra ninguno que pueda ser completamente absuelto, y todo aquel que se proclama inocente, acuda al testimonio de los demás y no a su conciencia. ¿No es más humanitario mostrar a los que pecan sentimientos dulces y paternales, atraerlos antes que perseguirlos? Si se extravía uno por los campos porque ignora el camino, mejor es llevarle al buen sendero que expulsarle. Necesario es corregir al que delinque, por la reprensión, y por la fuerza, y por la severidad; y necesario es hacerle mejor, tanto para él como para los demás, no sin castigo, pero sí sin cólera. ¿Qué médico se irrita contra su enfermo?

XV. «Pero son incorregibles; nada hay en ellos suave, ni que deje lugar a la esperanza». Pues bien: suprimid de entre los vivos a los que cometen crímenes enormes y deen de ser malos de la manera que es posible, pero sin ira. Porque ¿cómo odiar a aquel a quien se prestó el mayor servicio librándole de sí mismo? ¿Acaso odia alguno a sus propios miembros cuando los hace cortar? Esto no es ira, sino lamentable curación. Exterminamos a los perros hidrófobos; matamos a los toros salvajes e indomables; degollamos las ovejas enfermas, por temor de que infesten el rebaño; asfixiamos los fetos monstruosos, y hasta ahogamos los niños si son débiles y deformes. No es ira, sino razón, separar las partes sanas de las que pueden corromperlas. Nada sienta peor al que castiga que la ira, porque el castigo no es eficaz para corregir sino en cuanto se le ordena con juicio. Por esta razón dice Sócrates a su esclavo: «Te azotaría si no estuviese encolerizado». Dejaba para momento más tranquilo la corrección del esclavo y al mismo tiempo se corregía a sí mismo. ¿En quién será moderada la pasión, cuando Sócrates no se atreve a entregarse a su ira? Luego para corregir el error y el crimen no se necesita juez irritado, porque siendo la ira delito del alma, no conviene que el delincuente castigue al delincuente.

XVI. «¡Cómo! ¿no me irritaré contra el ladrón? ¿no me irritaré contra el envenenador?». No. No me irrito contra mí mismo cuando me extraigo sangre. Aplico todo castigo como un remedio. Tú no has dado más que los primeros pasos en el camino del error; tus caídas no son graves, pero sí frecuentes. Procuraré corregirte con reprensiones, primero privadamente, después en público. Tú has avanzado demasiado para que puedan curarte las palabras; te retendrá la ignominia. Tú necesitas algo más para sentir la impresión; se te mandará desterrado a regiones desconocidas. Tu maldad es enorme y necesitas remedios más violentos. Las cadenas públicas y la prisión te esperan. Tu alma es incurable y tu vida un tejido de crímenes; tú no necesitas ya que te solicite la ocasión, que nunca falta a los malvados, sino que para hacer el mal no necesitas otra ocasión que el mal. Tú has agotado la iniquidad, y de tal manera ha penetrado en tus entrañas, que solamente puede desaparecer con ellas. Desgraciado, hace mucho tiempo que buscas la muerte: vamos a merecer tu agradecimiento; te arrancaremos al vértigo que te domina y después de una vida desastrosa para el bien ajeno y para el tuyo, te mostraremos el único bien que te queda, la muerte. ¿Por qué he de irritarme contra aquel a quien tan provechoso soy? En algunos casos, la mayor prueba de compasión es matar. Si, como médico experimentado y hábil, entrase en una enfermería o en la casa de un rico, no ordenaría el mismo tratamiento a todos los enfermos atacados de diferentes dolencias. Me llaman para la curación de un pueblo, y en tantos ánimos diferentes veo diferentes vicios; a cada enfermedad debo buscar su remedio. A éste le curaré con la vergüenza, a aquél con el destierro, al uno con el dolor, al otro con la pobreza y al de más allá con la espada. Si tengo que vestir la siniestra toga del juez, si la fúnebre trompeta ha de convocar a la multitud, subiré al tribunal, no como iracundo a enemigo, sino con la serena frente de la ley; pronunciaré la solemne sentencia con voz antes grave y tranquila que arrebatada, y ordenaré la ejecución con severidad, pero sin ira. Y cuando mande cortar la cabeza al culpable, y cuando haga coser el saco del parricida, y cuando remita al suplicio militar, y cuando llevar a la roca Tarpeya al traidor o al enemigo público, no experimentaré ira, tendré tanta tranquilidad en el rostro y en el ánimo como cuando aplasto un reptil o animal venenoso.

«Necesítase la ira para castigar». ¡Cómo! ¿te parece irritada la ley contra aquellos que no conoce, que no ha visto, que no espera que existan? Necesario es apropiarse su espíritu, no se irrita, sino que establece principios. Porque si conviene al varón bueno irritarse contra las malas acciones, también le convendrá evitar el triunfo de los malvados. ¿Qué mayor repugnancia que la de ver prosperar y abusar de los favores de la fortuna a hombres para quienes la fortuna no podría inventar bastantes males? Sin embargo, contempla sus riquezas sin envidia, como sin ira sus crímenes. El buen juez condena lo que la ley reprueba; no odia. «¡Cómo! cuando el sabio encuentre a su alcance algún vicio, ¿no se conmoverá su ánimo, no se agitará más que de ordinario?». Lo confieso; experimentará alguna conmoción débil y ligera. Porque, como dice Zenón, en el ánimo del sabio, hasta cuando está curada la herida queda la cicatriz. Experimentará sombras y sospechas de pasión, pero se encontrará exento de las pasiones mismas. Aristóteles pretende que ciertas pasiones se convierten en armas para el que sabe manejarlas. Verdadero sería esto, si, como las armas de la guerra, pudieran cogerse y dejarse a voluntad del que las usa. Pero esas armas, que Aristóteles da a la virtud, hieren por sí mismas, sin esperar el impulso de la mano; gobiernan y no son gobernadas. No necesitamos otros instrumentos; la naturaleza nos ha robustecido bastante con la razón. En ésta nos ha dado un arma fuerte, duradera, dócil, que no tiene dos filos y no puede volverse contra su dueño. La razón basta por sí misma, no solamente para aconsejar, sino que también para obrar. ¿Qué cosa más insensata que querer que invoque el auxilio de la ira, subordinar lo inmutable a lo incierto, la fidelidad a la traición, la salud a la enfermedad? ¿Cómo, si hasta en aquellos actos para los que parece necesario el auxilio de la ira, la razón por sí misma es mucho más fuerte? Cuando la razón ha juzgado que tal cosa debe hacerse, persiste en ello, no pudiendo encontrar nada mejor que ella misma que la impulse a cambiar; así es que se fija en lo que una vez ha decidido. La ira, por el contrario, ha retrocedido muchas veces ante la piedad, porque su fuerza no es estable; es una hinchazón vana; revélase primeramente con violencia, como esos vientos que se alzan de la tierra y que, salidos de los ríos y pantanos, tienen impetuosidad pasajera. Comienza con extraordinario brío, y en seguida se detiene fatigada antes de tiempo: esa ira que solamente respira crueldad, nuevos géneros de suplicios, se debilita y ablanda cuando llega el momento de obrar. La pasión cae pronto; la razón permanece siempre igual. En último caso, aunque la ira tenga cierta duración, si encuentra muchos culpables que hayan merecido la muerte, después del suplicio de dos o tres cesa de matar. Sus primeros golpes son terribles, lo mismo que es peligroso el veneno de las serpientes cuando salen de su nido; pero sus dientes son inofensivos cuando frecuentes mordeduras les han dejado exhaustos. Así también los que han perpetrado iguales crímenes, no sufren las mismas penas; y con frecuencia, el que ha cometido menos sufre más, porque se encuentra expuesto a ira más reciente. En todo es desigual la ira; en tanto avanza más de lo necesaria, en tanto se detiene más pronto de lo que debiera. Porque se complace en sí misma, juzga según su capricho, no quiere escuchar nada, no deja tiempo a la defensa, se adhiere a la idea de que se ha apoderado, y no sufre que se altere su juicio, por malo que sea. La razón da a las dos partes tiempo y lugar, y a sí misma se concede plazo para discutir la verdad; la ira obra precipitadamente. La razón quiere decidir lo que es justo; la ira quiere que se tome por justo lo que ella decide. La razón solamente considera el objeto en litigio; circunstancias ligeras y ajenas a la causa arrastran a la ira. Aspecto tranquilo, palabra firme, discurso algo libre, traje pulcro, imponente cortejo, favor popular, todo la exaspera. Frecuentemente, en odio al defensor, condena al acusado; hasta cuando se le pone la verdad en los ojos, ama y acaricia la mentira; no quiere que se la convenza, y comprometida en mal camino, la obstinación te parece más honrosa que el arrepentimiento. Cn. Pisón fue en estos últimos tiempos varón exento de muchos vicios, pero con espíritu perverso que tomaba rigor por firmeza. En un momento de ira había ordenado que se llevase al suplicio a un soldado que había vuelto de forrajear sin su compañero, acusándole de haber dado muerte al que no podía presentar. El soldado le suplicó le concediese algún tiempo para buscarlo, y se lo negó. Sacaron, pues, al condenado fuera del recinto, y ya tendía el cuello, cuando de pronto se presentó el que suponían muerto. El centurión encargado del suplicio mandó entonces al que iba a descargar el golpe que envainase la espada; lleva el condenado a Pisón, para devolver al juez la inocencia, puesto que la fortuna se la había devuelto ya al acusado. Inmensa multitud seguía a los dos compañeros, que marchaban abrazados con grande regocijo de todo el campamento. Pisón se lanzó furioso a su tribunal, y mandó llevarles al suplicio a los dos, al que no había matado y el que no había sido muerto. ¿Hay algo más indigno que esto? porque uno era inocente, perecieron los dos. Pisón añadió otra víctima: el centurión que trajo a los soldados fue condenado a muerte. Decidido quedó que perecieran tres hombres en el mismo punto a causa de la inocencia de uno de ellos. ¡Oh, cuán ingeniosa es la ira para inventar pretextos a su furor! «A ti, dijo, te mando a la muerte porque has sido condenado; a ti, porque has sido causa de la condenación de tu compañero; a ti, porque habiendo recibido orden de matar, no has obedecido a tu General». De esta manera imaginó tres delitos porque no encontró uno. Ya he dicho que la ira lleva consigo el mal de rechazar toda dirección. Irrítase contra la misma verdad, si ésta se manifiesta contra su voluntad;

con gritos, vociferaciones e impetuosos movimientos de todo el cuerpo se ceba en aquellos a quienes hiere, añadiendo ultrajes y maldiciones. No obra así la razón; sino que, tranquila y silenciosa, derribará, si es necesario, casas enteras; destruirá familias perjudiciales a la república, sin perdonar niños ni mujeres; destruirá su morada, la arrasará hasta los cimientos, para borrar nombres enemigos de la libertad; y esto sin rechinar los dientes, sin agitar la cabeza, sin hacer nada impropio de un juez, cuyo semblante debe ser tranquilo e impasible, sobre todo cuando pronuncia alguna sentencia importante. «¿Para qué, dice Jerónimo, te muerdes primeramente los labios cuando quieres herir a alguno?» ¿Qué habría dicho si hubiese visto a un procónsul lanzarse de su tribunal, arrancar los haces al lictor y rasgar sus ropas, porque tardaban en rasgar las del condenado? ¿Qué necesidad hay de derribar la mesa, romper los vasos, darse cabezadas contra las columnas, arrancarse los cabellos, golpearse los muslos o el pecho? Considera cuánta es la violencia de esta ira, que no pudiendo desfogar sobre otro tan pronto como quisiera, se revuelve contra sí misma. Por esta razón se ve retenida por aquellos que rodean al iracundo y le conjuran a que se compadezca de sí mismo; nada de esto acontece al hombre exento de toda ira, sino que a cada cual impone el castigo que merece. Con frecuencia perdona al delincuente, si el arrepentimiento permite esperar enmienda, si descubre que el mal no viene de lo profundo, sino que se detiene, como suele decirse, en la superficie. Otorgará la impunidad cuando no haya de perjudicar ni a los que la reciben ni a los que la conceden. Algunas veces castigará los grandes crímenes con menos rigor que faltas más ligeras, si en aquéllos hay más descuido que malicia; si en éstas hay perversidad oculta, encubierta e inveterada. Tampoco aplicará igual pena a dos crímenes, cometido el uno por inadvertencia, y el otro con deseo premeditado de dañar. En todo castigo obrará con el convencimiento de que tiene doble objeto que perseguir: corregir los malvados o destruirlos. En uno y otro caso, no atiende a lo pasado, sino a lo venidero. Porque, como dice Platón, «el sabio castiga no porque se ha delinquido, sino para que no se delinca; el pasado es irrevocable, el porvenir se previene; a aquellos que quiera presentar como ejemplos de maldad que alcanza desastroso fin, les hará morir públicamente, no tanto para que perezcan, como para impedir que perezcan otros». Ya ves cuán libre debe estar de toda pasión aquel a quien toca apreciar y pesar todas estas circunstancias para ejercer un poder que exige la mayor diligencia: el derecho de vida y muerte. Mal colocada está la espada en la mano de un iracundo. Ni tampoco imagines que la ira contribuye en nada a la grandeza del alma. Porque no produce grandeza, sino hinchazón; de la misma manera que en los cuerpos hinchados por viciado humor, la enfermedad no es la hinchazón, sino exuberancia perniciosa. Todos aquellos a quienes ánimo depravado lleva más allá de los pensamientos humanos, imaginan que respiran algo grande y sublime; pero en el fondo de esto no hay nada sólido, y todo edificio sin cimiento amenaza constantemente caer. La ira no descansa en nada, ni se alza sobre cosa firme y duradera; solamente es humo y viento, y tanto dista de la grandeza de ánimo como la temeridad del valor, la presunción de la confianza, la tristeza de la austeridad, la crueldad de la severidad. Media mucha distancia, repito, entre el ánimo elevado y el ánimo orgulloso. Nada generoso emprende la ira, nada noble. Veo, por el contrario, en la irascibilidad habitual señales de ánimo gastado y estéril, convencido de su laxitud. Semejante a esos enfermos cubiertos de llagas, que gimen al contacto más ligero, la ira es principalmente vicio de mujeres y niños. Pero también invade a los hombres, porque los hay con espíritu de mujer y de niño. -Pero, ¡cómo! ¿no profieren palabras los iracundos que parecen arrancar de ánimo levantado a aquellos que ignoran la verdadera grandeza? como, por ejemplo, aquellas tan odiosas corno execrables: «Que me odien, con tal de que me teman». - Conviene que sepas que pertenecen al tiempo de Sila. No sé cuál de los dos deseos es peor, si el del odio o el del temor. ¡Que me odien! Ves en el porvenir maldiciones, asechanzas, asechanzas, asesinato. ¿Qué más deseas? Que los dioses te castiguen por haber encontrado al odio remedio tan digno. ¡Qué me odien! ¿Cómo? ¿con tal de que te obedezcan? no; ¿con tal de que te estimen? no; ¿pues para qué? con tal de que te teman. Ni siquiera querría quo me amasen a ese precio. ¿Crees que estas palabras son de alma grande? Te engañas; no hay grandeza en ellas, sino crueldad. No debes fiar en las palabras de los iracundos, que hacen, mucho ruido y amenazan, pero en el fondo son cobardes. Ni tampoco debe creerse lo que se lee en Tito Livio, escritor por otra parte muy elocuente: «Hombre grande antes que hombre honrado». Imposible es separar estas dos cualidades, porque el varón será bueno o no será grande, porque no comprendo otra grandeza de ánimo más que la inquebrantable, sólida en el interior, igualmente, firme en su conjunto, tal, en fin, como no puede encontrarse en los malvados. Porque éstos pueden muy bien ser amenazadores, impetuosos, destructores, pero no poseerán jamás la grandeza cuyo fundamento y fuerza forma la bondad: su lenguaje, sus esfuerzos, todo su aparato exterior reviste algunas veces falso aspecto de grandeza; algo elocuente dirán que tomarás por grande como cuando Cayo César, irritado porque el cielo tronaba sobre sus mímicos, de los que antes era émulo que espectador, y porque el rayo, mal dirigido aquel día, perturbase la representación, provocó a Júpiter a mortal combate, repitiendo a gritos aquel verso de Homero: μ (Hiéreme o te hiero). ¡Qué locura! ¡Imaginar que Júpiter no podía dañarle, o que él podía hacer daño a Júpiter! Creo que estas palabras no contribuyeron poco a excitar los ánimos de los conjurados; porque debió parecerles el colmo de la paciencia soportar al que no podía soportar a Júpiter. Así, pues, en la ira, hasta cuando se muestra más violenta, desafiando a los dioses y a los hombres, no existe nada grande ni noble; y si algunos se empeñan en ver en ella cierta grandeza, que la vean también en el lujo. El lujo quiere marchar sobre marfil, vestir púrpura, habitar bajo dorados techos, trasladar las tierras, aprisionar los mares, precipitar los ríos en cascadas, suspender bosques en el aire. Que vean grandeza en la avaricia: ésta descansa sobre montones de oro y plata, cultiva campos que podrían llamarse provincias, y da a cada arrendatario suyo territorios más extensos de los que asignaba la suerte a los cónsules. Que encuentren grandeza en la lujuria: ésta cruza los mares, forma rebaños de eunucos, y arrostrando la muerte, prostituye a la esposa bajo la espada del esposo. Que vean grandeza en la ambición, que no satisfecha con los honores anuales, querría, si fuese posible, cubrir con su solo nombre todos los fastos y ostentar sus títulos por todo el orbe. Poco importa hasta dónde se exalten y ex tiendan todas estas pasiones; no por ello son menos estrechas, miserables y bajas. Solamente la virtud es elevada, sublime, y nada hay grande sino aquello que al mismo tiempo es sereno.

Libro segundo

I. Fecunda materia tuve en el primer libro, oh Novato, porque es cosa fácil seguir al vicio en su rápida pendiente: ahora debemos tratar cuestiones más delicadas. Hemos de investigar si la ira es producto del juicio o del ímpetu; es decir, si se mueve espontáneamente, o si, como casi todos nuestros impulsos, brota del interior sin consentimiento nuestro. En esto debernos fijar primeramente la discusión, para elevarse en seguida a mayor altura. En nuestro cuerpo, los huesos, los nervios, las articulaciones que forman la base del conjunto, y los órganos vitales tan poco gratos a la vista, se coordinan primeramente; en seguida viene lo que forma el encanto del semblante y aspecto, y cuando la obra está completa, aparece en último lugar la coloración, tan agradable a los ojos. No hay duda de que la apariencia sola de la injuria subleve la ira; pero ¿sigue en el acto a esta apariencia, y se lanza sin intervención del ánimo? Esto es lo que investigamos. Por nuestra parte sostenemos que nada intenta por sí misma y sin aprobación del alma. Porque apreciar la aparición de la injuria, desear la venganza y reunir estas dos ideas, que no debemos ser ofendidos y que debe castigarse la ofensa, no es propio del impulso que obra en nosotros sin intervención de la voluntad. El movimiento físico es sencillo; el del alma es complejo y consta de muchos elementos. Comprendió algo, se indignó, condenó, se vengó, y nada de esto puede hacerse si el ánimo no se asocia a la impresión de los sentidos.

II. ¿Qué objeto tiene esta cuestión? dirás. -El de averiguar qué sea la ira. Porque si brota a pesar nuestro, nunca obedecerá a la razón. Todas las impresiones que no dependen de nuestra voluntad son invencibles e inevitables, como el estremecimiento que produce la aspersión con agua fría, o el contacto de ciertos cuerpos: los cabellos se erizan cuando recibimos malas noticias, el rubor cubre nuestra frente ante palabras malsonantes, y el vértigo nos domina si miramos al precipicio. No dependiendo de nosotros estas impresiones, no pueden contenerlas las persuasiones de la razón. Pero los consejos triunfan de la ira. Luego es voluntario vicio del alma, y no una de esas disposiciones que dependen de las condiciones de la naturaleza humana, y se encuentran, por tanto, hasta en los más sabios, entre las cuales debemos colocar esas primeras emociones del alma que nos agitan a la idea de una injuria. Estas emociones despiertan hasta en el espectáculo de las fábulas de la escena y en la lectura de las historias de la antigüedad. Algunas veces experimentamos manera de cólera contra Clodio, que desterró a Cicerón, contra Antonio, que le mató. ¿Quién no se subleva contra las victorias de Mario, contra las proscripciones de Sila? ¿Quién no se irrita contra Theodoto y Achillas, y hasta contra aquel niño que por medio del crimen se hace superior a la infancia? Algunas veces nos excitan los cánticos y animados acentos. Conmuévese nuestro ánimo al sonido de las trompas bélicas, ante sangrienta descripción y al triste aparato de los suplicios más merecidos. Por esta razón reímos con los que ríen, nos entristecemos con la multitud que llora, y nos exaltarnos ante ajeno combaté: todas estas emociones son ficticias, y estas iras no son más reales que nuestro dolor cuando fruncimos el ceño en la representación teatral de un naufragio, o el miedo que invade el ánimo del lector cuando sigue a Aníbal bajo nuestras murallas después de la batalla de Cannas. Estas impresiones conmueven el alma a pesar suyo, pero no son pasiones, sino principios y preludios de pasiones. Por esto el varón militar, en medio de la paz y bajo la toga, se estremece al sonido de la trompeta, y el caballo de batalla se alza al ruido de las armas. Dícese que Alejandro, al escuchar el canto de Xenofonte, puso mano a la espada.

III. No debe llamarse pasión a ninguna de estas impresiones fortuitas que conmueven el ánimo, porque éste antes las soporta que las agita. La pasión consiste no en ser conmovido por la apariencia de los objetos exteriores, sino en abandonarse a ella y continuar la sensación accidental. Engáñase quien crea que la palidez, las lágrimas, la excitación de deseos impuros, un suspiro profundo, el repentino brillo de los ojos u otra cualquiera emoción parecida, son indicios de pasión o manifestación del ánimo, no comprendiendo que no pasan de impulsos corporales. Así es que muchas veces el hombre más valeroso palidece al empuñar las armas, y ante la señal del combate el soldado más audaz ha experimentado temblor en las rodillas: al general más grande puede palpitar el corazón antes del choque de dos ejércitos; y el orador más elocuente, cuando se dispone a hablar siente erizársele el cabello. Pero la ira no debe conmoverse solamente, sino lanzarse adelante, porque es un impulso. Ahora bien: no existe impulso sin el consentimiento del ánimo, y no es posible que se trate de venganza y de castigo sin conocimiento del alma. Júzgase alguno ofendido, quiere vengarse; una causa cualquiera le disuade, y en el acto se detiene. A esto no lo llamo ira, sino movimiento del ánimo que obedece a la razón. Ira es lo que sobrepuja a la razón y la arrastra con ella. Luego esa primera turbación del ánimo que produce la apariencia de la injuria, no es más ira que la misma apariencia de la injuria; pero el arrebato ulterior, que no solamente recibió la apariencia que la admitió, este es la ira, la sublevación del ánimo, que, con voluntad y reflexión, se encamina a la venganza. ¿Puede dudarse que el miedo impulsa a huir y la ira a avanzar? No creas, pues, que pueda buscarse o evitarse algo sin consentimiento de la mente.

IV. Para que sepas cómo nacen las pasiones, crecen y se desarrollan, te diré que el primer impulso es involuntario, siendo como preparación de la pasión y a manera de empuje: el segundo se realiza con voluntad fácil de corregir, como cuando pienso que necesito vengarme porque he sido ofendido, o que debe castigarse a alguno porque ha cometido un crimen: el tercero es tiránico ya; quiere vengarse, no porque sea necesario, sino aunque no lo sea, y éste vence a la razón. No podemos evitar por medio de la razón la primera impresión del ánimo, ni más ni menos que esas impresiones del cuerpo de que ya hemos hablado, como bostezar cuando se ve bostezar a los demás, y cerrar los ojos cuando bruscamente nos acercan a ellos la mano. Estos movimientos no puede impedirlos la razón; tal vez el hábito y constante vigilancia atenuarán los efectos. El segundo movimiento, que nace de la reflexión, por la reflexión se domina...[2]

V. Ahora hemos de examinar si los que tienen hábito de crueldad, que se complacen en derramar sangre, se encuentran dominados por la ira cuando matan a aquellos de quienes no han recibido injurias ni creen haberlas recibido: como fue Apollodoro, como fue Phalaris. Esto no es ira, es ferocidad: no dada por haber recibido injuria, y hasta se encuentra dispuesta a recibirla con el fin de dañar, y hiere y desgarra, no por venganza, sino por placer. Pues bien, el origen de estos crímenes es la ira: a fuerza de ejercerse y abreviarse, llega al olvido de la clemencia, borra del ánimo todo pacto humano, y al fin se trasforma en crueldad. Así es que los crueles por pasatiempo ríen y se complacen, se embriagan en profunda delicia y su semblante está muy lejos de expresar ira. Dícese que Aníbal, al ver un foro lleno de sangre humana, exclamó: «¡Hermoso espectáculo!» ¡Cuánto más hermoso le pareciera si la sangre hubiese llenado un río o un lago! ¿Cómo extrañar que tal espectáculo te agrade, cuando naciste en la sangre y desde la infancia te educaron en la matanza? Durante veinte años la fortuna de tu crueldad te acompañará con sus favores, y por todas partes ofrecerá a tus ojos tan dulce espectáculo; contemplarasle alrededor del Trasimeno y de Cannas, y después en torno de tu Cartago. En otro tiempo, bajo el divino Augusto, Voleso, procónsul del Asia, después de hacer perecer bajo el hacha en un solo día trescientas personas, paseando regocijado en medio de los cadáveres, como si hubiese realizado algo grande y notable, exclamó en griego: «¡Oh regia acción!» ¿Qué hubiese hecho siendo rey? No fue aquello ira, sino un mal mayor y más incurable...[3]

VI. «Dícese que así como la virtud es propicia a las acciones honestas, así también debe irritarse contra las vergonzosas». ¿Por qué no añaden que la virtud debe ser a la vez baja y sublime? Esto es precisamente lo que dice el que quiere ensalzarla y rebajarla al mismo tiempo; porque el placer de contemplar una buena acción tiene algo de grande y levantado, y la ira por delito ajeno arranca de corazón bajo y estrecho. Nunca descenderá la virtud hasta imitar los vicios que combate: esforzárase principalmente en reprimir la ira, que nunca es mejor, y con frecuencia es peor, que los vicios que la irritan. Propias y naturales son de la virtud la alegría y satisfacción; la ira es inferior a su dignidad, de la misma manera que la tristeza, y la tristeza es compañera de la ira, y en ella cae, sea después del arrepentimiento sea después del fracaso. Si es propio del sabio irritarse contra las faltas, tanto más se irritará cuanto mayores sean, y se irritará con frecuencia; de lo que se sigue que el sabio será no solamente un hombre irritado, sino irascible. Y si no creemos que en el ánimo del sabio deba encontrar acceso ira profunda ni ira frecuente, ¿por qué no librarle completamente de esta pasión? porque, lo repito, no puede tener límite alguno si ha de irritarse por los actos de cada cual. El sabio habrá de ser injusto si se irrita igualmente con delitos desiguales, o muy irascible sí se irrita cada que un crimen merezca su ira. Ahora bien: ¿qué cosa más indigna que hacer depender de la malicia ajena los sentimientos del sabio? Ni Sócrates podrá volver a casa con el mismo semblante que salió.

VII. Además, si el sabio debiera irritarse contra las acciones vergonzosas, si debiera conmoverse y entristecerse por todas las maldades, nada habría más amargo que la sabiduría: toda su vida pasaría entre la ira y la tristeza. ¿Habrá algún momento en que el sabio no vea cosas censurables? Siempre que salga de su casa tendrá que atravesar entre multitud de malvados, avaros, pródigo libertinos, contentos todos con sus vicios: en ningún parte fijará los ojos sin encontrar algo que les indigne. No podrá bastar él solo si ha de ejercitar su ira siempre que las circunstancias lo exijan. Esos millares de litigantes que desde el amanecer corren al Foro, ¿qué infames procesos promueven, y por medio de qué abogados más infames aún? Uno acusa los rigores paternales como si no fuese bastante haberlos merecido; otro pleitea contra su madre; éste se hace delator de un crimen de que públicamente le acusan; aquél, elegido por juez, condena los delitos que acaba de cometer, y simpatiza la multitud con la mala causa, merced a las bellas palabras de un orador. Pero ¿a qué descender a detalles? Cuando hayas visto el Foro ocupado por la multitud, inundado el recinto del Campo de Marte por muchedumbre de ciudadanos, y el Circo donde se aglomera la mayor parte del pueblo, ten presente que allí hay tantos vicios como hombres. No hay paz en medio de aquellas togas, y por mínimo interés uno está dispuesto a sacrificar al otro.

VIII. Nadie gana sino con daño de otro: se detesta a los felices y se desprecia a los desgraciados; los humillados por los grandes humillan a los pequeños; a todos animan diferentes pasiones, y todo lo destruirían por leve placer o ligero provecho. Esta es vida de gladiadores que habitan en común para pelear unos con otros. Esta es sociedad de fieras, exceptuando que las fieras son mansas entre sí y se abstienen de desgarrar a sus semejantes, mientras el hombre quiere la sangre del hombre. En una cosa sola se distingue de los animales: en que estos deponen su furor ante el que les lleva el pasto, mientras que la rabia del hombre devora a los que le alimentan. Nunca cesará de irritarse el sabio si una vez comienza. Lleno está todo de crímenes y vicios, y se cometen muchos más de los que pueden corregirse con la coerción. Trabada esta empeñada lucha de maldad, diariamente aumenta el apetito del mal y va siendo menor la vergüenza. Desterrando todo respeto de lo honesto y lo justo, la pasión se precipita a su capricho, y ya no se ocultan los crímenes en la sombra, sino que caminan a la vista: la depravación se ha hecho tan común, y de tal manera domina en los corazones, que la inocencia no es escasa ya sino nula. ¿Acaso son pocos y raros los que violan la ley? Por todas partes, y como a señal dada, precipítanse todos para confundir el bien y el mal.

.....*Non hospes ab hospite tutus,*
Non socer a genero; fratrum quoque gratia rara est.
Imminet exitio vir conjugis, illa mariti.
Lurida terribiles miscent aconita novercæ.
Filius ante diem patrios inquirit in annos[(4)].

Esta es pequeña parte de los crímenes, porque no describe un Pueblo dividido en dos campos enemigos, los padres y los hijos ligados por juramentos diferentes, la patria entregada a las llamas por la mano de un ciudadano, y la caballería registrando con rabia por todas partes para descubrir el refugio de los proscritos, y las fuentes públicas emponzoñadas, y la peste propagada con la mano, y los fosos abiertos por nosotros mismos en derredor de nuestros padres sitiados, llenas las cárceles, y el incendio devorando ciudades enteras y dominaciones funestas, y las ruinas de los estados y de los reinos tramadas en secretos consejos, y la gloria atribuida a acciones que son crímenes cuando se las puede reprimir; los raptos y violaciones, y el libertinaje que ni siquiera exceptúa la boca.

IX. Añade ahora los perjurios públicos de las naciones, las violaciones de tratados, la fuerza haciendo presa de todo lo que no puede resistirla, las captaciones, robos, fraudes, negaciones de depósitos, para cuyos delitos no bastan nuestros tres Foros. Si pretendes que el sabio se encolerice en proporción de la enormidad de los crímenes, no habrá de experimentar ira, sino demencia. Pero mejor es que creas que no deben irritar los errores: ¿que dirías si se encolerizaren contra aquellos que marchan con paso vacilante en las tinieblas, contra los sordos que no oyen una orden, contra el esclavo que descuida el cumplimiento de sus deberes para contemplar los juegos y necios divertimientos de sus iguales? ¿qué dirías si se irritasen contra los enfermos viejos o extenuados? Debe colocarse entre las demás enfermedades de los mortales la oscuridad de la mente, y no solo existe necesidad de errar, sino también amor al error. Para no irritarte contra algunos, has de perdonarlos a todos; necesario es conceder indulgencia al género humano. Si te irritas contra los jóvenes y los ancianos porque delinquen, debes irritarte contra los niños porque han de delinquir. ¿Y existe alguien que se irrite contra los niños cuya edad no puede discernir nada aún? pues la excusa es más fuerte y más justa para el hombre que para el niño. Condición de nuestro nacimiento es estar expuestos a tantas enfermedades de alma como de cuerpo, no por debilidad o lentitud de inteligencia, sino por el mal uso de su penetración, viniendo a ser unos para otros ejemplos de vicio. Cada cual sigue al que le precede en el mal sendero; ¿cómo no excusar al que se extravía en camino público?

X. La severidad del General se ejerce en los individuos; pero es necesaria la indulgencia cuando ha desertado todo el ejército. ¿Quién disipa la ira del sabio? la multitud de culpables, porque comprende cuán injusto y peligroso es irritarse contra el vicio público. Cuantas veces salía Heráclito y veía en derredor suyo tantos que vivían mal, o mejor dicho, que morían mal, lloraba y se compadecía de todos aquellos que encontraba felices y contentos; acción propia de espíritu sensible, pero demasiado débil, encontrándose él mismo en el número de los que merecían compasión. Demócrito, por el contrario, nunca se encontraba en público, según dicen, sin reír; tan lejos estaba de considerar grave lo que se trataba gravemente. ¿Qué objeto de ira existe aquí abajo? Necesario es reír o llorar por todo. No, el sabio no se irritará contra los delitos. ¿Por qué? porque sabe que nadie nace sabio, sino que se llega a serlo, y que un siglo entero produce muy pocos; porque tiene delante de los ojos la condición de la naturaleza humana, y ninguna mente sana se irrita contra la naturaleza. ¿Se asombrará de que no produzcan sabrosos frutos los matorrales silvestres? ¿Extrañará que no den productos útiles las espinas y abrojos? Nadie se irrita contra una imperfección que excusa la naturaleza. El sabio, pues, sereno y justo ante los errores, no es enemigo, sino corrector de los que delinquen; y diariamente se dice: «Encontraré muchos ebrios, muchos libertinos, muchos ingratos, muchos avaros y otros muchos agitados por las furias de la ambición»; y a todos los considerará con igual benevolencia que el médico considera a los enfermos. ¿El dueño de la nave cuya trabazón desunida hace agua por todas partes, se irrita contra los marineros o contra la nave? No, antes corre al encuentro del peligro, cerrando el paso al agua, arrojando la que ha penetrado, obstruyendo las aberturas visibles, combatiendo con trabajo continuo las filtraciones ocultas que insensiblemente van llenando la sentina, y no cesa porque el agua se renueva a medida que se la expulsa. Necesaria es perseverante asistencia contra los males continuos y fecundos, no para que desaparezcan, sino para que no triunfen.

XI. «La ira es útil, dicen, porque libra del desprecio, porque asusta a los malvados». En primer lugar, si la ira es tan potente como sus amenazas, por lo mismo que es terrible, es odiosa. Más peligroso es ser temido que ser despreciado. Pero si no es fuerte, se expone mucho más al desprecio y no evita la irrisión: ¿qué cosa más fría que la ira agitándose en el vacío? En segundo lugar, de que una cosa sea terrible, no se sigue que sea poderosa: y no quisiera que se diese al sabio un arma que pertenece también a la fiera, el terror. ¡Cómo! ¿no se teme la fiebre, la gota o una llaga cancerosa? ¿encuéntrase por esto algo bueno en estos males? Al contrario, ¿no inspiran repugnancia y horror precisamente porque se les teme? La ira por sí misma es deforme y poco temible, pero muchos la temen como teme el niño a las personas deformes. Y además ¿el temor no recae sobre aquel que lo inspira, no pudiendo nadie hacerse temer y quedar tranquilo? Recuerda aquel verso de Laberio, recitado en el teatro en plena guerra civil y que todo el pueblo recibió como expresión del sentimiento público:

Necesse est multos timeat, quem multi timent[5].

La naturaleza ha establecido que aquel que es grande por el temor de los demás no escape a sus propios temores. El corazón del león se estremece al ruido más ligero: una sombra, un sonido, un olor extraño turba a los animales más feroces. Todo lo que asusta tiembla a su vez. No existe, pues, razón para que el sabio desee que le teman.

XII. No ha de creerse que la ira sea algo grande porque infunda temor; pues también se teme a las cosas más viles, los venenos, las tortas mortíferas y la mordedura del reptil. No debe admirar que manadas de fieras queden detenidas y sean rechazadas hacia las trampas por un cordón de plumas de diferentes colores, llamado por el efecto que producen *formido* (espanto). Los seres irracionales se asustan irracionalmente. El movimiento de un carro, el cambiante aspecto de una rueda hace entrar al león en su jaula; el gruñido del cerdo asusta al elefante. Así también se teme la ira como el niño a las tinieblas, y las fieras a las plumas rojas: la ira no tiene en sí misma ninguna firmeza, ningún valor; pero intimida a los ánimos débiles. «Habrás de suprimir de la naturaleza la maldad, dicen, si quieres suprimir la ira; pero no puedes hacer lo uno ni lo otro». En primer lugar, podemos preservarnos del frío, aunque el invierno sea propio de la naturaleza, y del calor, aunque existen meses de verano; bien sea porque las condiciones del paraje pongan a cubierto de las inclemencias de la estación, bien sea que las costumbres del cuerpo triunfen de ambas sensaciones. En segundo lugar, invierte el argumento: necesario es suprimir la virtud del alma antes de dar entrada a la ira, porque los vicios no coexisten con las virtudes; tan imposible es que el mismo hombre sea a la vez iracundo y sabio, como enfermo y robusto. «Imposible es, dicen, suprimir completamente del alma la ira, no permitiéndolo la naturaleza del hombre». Nada hay tan difícil y penoso que la mente humana no pueda vencer, con lo que no pueda familiarizarla constante ejercicio; no hay pasión tan desenfrenada e indomable que no pueda doblegarse al peso de la disciplina. El ánimo obtiene todo lo que a sí mismo se manda. Algunos han conseguido no reír jamás; otros se han prohibido el vino; éstos las mujeres; aquéllos, en fin, todas las bebidas. Conténtase uno con breve sueño, y prolonga infatigables vigilias; otros han aprendido a subir corriendo por cuerdas estiradas, a elevar pesos enormes, casi superiores a las fuerzas humanas, a sumergirse a profundidades inmensas y a permanecer debajo del agua sin respirar.

XIII. Otras mil cosas existen en las que la perseverancia ha vencido todos los obstáculos, y prueban que nada es difícil cuando el alma se ha impuesto a sí misma la paciencia. En los hechos que acabo de mencionar, el premio era nulo o muy inferior a trabajo tan obstinado. En efecto, ¿qué cosa magnífica gana el que ha aprendido a correr por la cuerda tirante, a cargar sus hombros con enormes pesos, a no someter sus ojos al sueño, a penetrar en el fondo del mar? Y sin embargo, por escaso provecho, la perseverencia ha conseguido su objeto. ¿Y nosotros no invocaremos en nuestro auxilio la paciencia que tan hermosa recompensa nos reserva, la inalterable tranquilidad del alma feliz? ¿No es gran victoria libertarse de ese mal tan temible, la ira, y al mismo tiempo de la rabia, la violencia, la crueldad, el furor y demás pasiones que le acompañan? No debemos buscar patrocinio para nosotros mismos, ni derecho a excusarnos diciendo: o es útil o es inevitable; porque ¿qué vicio ha carecido nunca de abogado? No debe decirse que la ira no puede curarse: los males que nos afligen no son incurables, y la naturaleza misma que nos creó para el bien, nos ayuda, si queremos enmendarnos. Además, el camino de la virtud no es, como algunos han creído, áspero y difícil, sino que se marcha por él con planta segura. No vengo a referiros cosas vanas: fácil es el camino hacia la vida feliz; emprendedlo solamente bajo buenos auspicios y con favorable asistencia de los dioses. Mucho más difícil es hacer lo que hacéis: ¿qué hay más grato que la tranquilidad del ánimo? ¿qué más laborioso que la ira? ¿qué más tranquilo que la clemencia? ¿qué más atareado que crueldad? La castidad siempre está en calma, el libertinaje siempre ocupado, y todas las virtudes, en fin, se conservan fácilmente, manteniéndose los vicios con grandes trabajos. ¿Debe contrarrestarse la ira? Así lo confiesan en parte los que dicen que debe moderarse. Proscribámosla por completo, puesto que para nada puede servir. Sin ella, con más facilidad y seguridad se suprimirán los delitos, se castigará a los malvados y se les atraerá al bien.

XIV. Todo lo que el sabio debe hacer, lo hará sin el auxilio de cosa mala, y no apelará al uso de una pasión cuyos extravíos tendrá que vigilar con inquietud. Nunca, por lo tanto, debe admitirse la ira; podrá fingirse algunas veces cuando sea necesario despertar la atención de espíritus cansados, como se excita con el látigo o la antorcha a los caballos tardos para emprender la carrera. Necesario es a las veces que el temor obre en aquellos con quienes nada puede la razón. Pero irritarse no es más útil que afligirse o asustarse. «¡Cómo! ¿no sobrevienen ocasiones que provocan la ira?» Pues en estos casos principalmente se debe luchar contra ella: y no es difícil vencer el ánimo, cuando se ve al atleta, que solamente se ocupa de la parte más vil de sí mismo, soportar, sin embargo, los golpes y el dolor para agotar las fuerzas de su contrario, y no hiere cuando a ello le impulsa la ira, sino cuando encuentra ocasión propicia. Asegúrase que Pirro, aquel gran maestro de ejercicios gímnicos, acostumbraba encargar a sus discípulos que no se irritasen; porque la ira perjudica al arte y ve donde debe herir, sino donde debe precaverse. Así es que muchas veces aconseja paciencia la razón, venganza la ira, y de un mal, que al principio podíamos evitar, caemos en otro mayor. Personas hay que, por no haber sabido soportar tranquilamente una palabra ultrajante, fueron desterradas; las hay que no queriendo pasar en silencio una injuria leve, tuvieron que soportar gravísimos males, y quienes, indignándose porque cercenaban pequeñísima parte a su plena libertad, se atrajeron el yugo servil.

XV. «Para que te convenzas, dicen, de que la ira tiene en sí algo de generoso, verás libres los pueblos más irascibles, como los Germanos y los Scitas». Esto sucede porque las almas fuertes y naturalmente enérgicas, antes de ablandarlas la civilización, son propensas a la ira. Ciertos sentimientos solamente brotan en los espíritus mejores, como en terrenos fecundos, aunque incultos, crecen árboles robustos; pero son muy diferentes los productos de las tierras cultivadas. Así, pues, esos ánimos, naturalmente enérgicos, son iracundos; fogosos y viriles, nada mezquino y débil encierran; mas esta energía es imperfecta, como todo lo que se desarrolla sin arte, por la fuerza sola de la naturaleza; y si no se les doma desde el principio, estos gérmenes del verdadero valor degeneran en audacia y temeridad. ¡Cómo! ¿no vemos unirse a la dulzura de carácter debilidades análogas, como la piedad, el amor, el pudor? Por esto te mostraré el buen carácter por sus mismas imperfecciones; pero no dejan por ello de ser defectos, aunque sean indicios de buen natural. Además, todos esos pueblos en su salvaje independencia, se parecen a los leones y a los lobos, que no pueden obedecer ni mandar. No existe en ellos la fuerza del carácter humano, sino la irritabilidad de las fieras, y nadie puede gobernar si no sabe gobernarse.

XVI. Por esta razón, casi siempre ha pertenecido el mando a los pueblos de las regiones templadas: el carácter de los que habitan los hielos del Septentrión, es salvaje, como dice el poeta:

.... *Suoque simillima cœlo*[(6)].

«Considéranse, dicen, como más generosos los animales más iracundos». Es grave error presentar los animales como ejemplo del hombre, cuando en vez de razón, solamente tienen impulso; y el hombre, en vez de impulso, tiene razón. Y tampoco les mueve a todos el mismo impulso. Al león le ayuda la ira; al ciervo, el temor; al buitre, la impetuosidad; a la paloma, la fuga. ¿Y es cierto, por otra parte, que sean mejores los animales más iracundos? Concederé que las fieras, que viven de su presa, sean tanto más fuertes, cuanto más furiosas; pero alabaré en el buey la paciencia; en el caballo, la docilidad al freno. ¿Mas por qué rebajar al hombre a tan infelices ejemplos, cuando tienes delante de ti al universo y Dios, que siendo el único entre todos los animales que puede imitarlo, es el único que lo comprende? «A los iracundos, dicen, se les tiene por los más francos». Porque se les compara con los astutos y sutiles, y parecen francos porque se descubren: yo no les llamaría francos, sino incautos. Este es el nombre que damos a los necios, a. los libertinos, a los pródigos y demás viciosos poco reservados.

XVII. «Algunas veces, dicen, el orador que se arrebata es más elocuente». Di más bien que finge arrebato, porque los histriones, con su energía, conmueven al pueblo, no porque están irritados, sino porque imitan bien la ira. Así es que delante de los jueces, ante las asambleas populares y donde quiera que intentemos mover los ánimos a nuestro impulso, fingiremos en tanto ira, en tanto temor, en tanto compasión, para inspirarla a los demás; y frecuentemente, lo que no hubiera conseguido una emoción verdadera, lo conseguirá otra fingida. «El alma es débil, dicen, si carece de ira». Verdad es, si no hay nada más poderoso que la ira. No conviene ser ladrón, ni robado, ni compasivo, ni cruel; lo uno sería demasiada debilidad de ánimo, lo otro demasiada dureza. El sabio debe guardar el término medio; y si es necesario obrar con vigor, emplee la energía y no la ira.

XVIII. Habiendo tratado lo concerniente a la ira, pasemos a sus remedios. En mi opinión, son de dos clases: unos para no caer en ella, otros para preservarnos de sus faltas. Así como en la medicina del cuerpo hay remedios para conservar la salud y otros para restablecerla, así también no son iguales los medios para repeler la ira y para triunfar de ella. Algunos preceptos abrazarán la vida entera, y se dividirán entre la educación y las edades sucesivas. La educación exige especial cuidado, y sus frutos se recogen en lo porvenir; porque es cosa fácil amoldar los espíritus tiernos aún, y difícil extirpar los vicios que han crecido con nosotros. La naturaleza de los espíritus, vehementes es harto ocasionada a la ira; porque así como hay cuatro elementos, fuego, agua, aire y tierra, existen cuatro potencias correspondientes, frío, calor, humedad y sequía. De la mezcla de los elementos resulta la variedad de parajes, animales, cuerpos y costumbres, arrastrando a los espíritus diferentes inclinaciones, según la fuerza del elemento que en él domina. por esta razón decimos que tales regiones son húmedas o secas, frías o cálidas. Las mismas diferencias se encuentran entre los animales y entre los hombres.

XIX. Lo importante es en qué medida contiene cada cual el calor y la humedad; la proporción dominante de cada elemento determinará las inclinaciones. El elemento cálido producirá iracundos, porque el fuego es activo y persistente. El elemento frío hará tímidos, porque el frío embota y comprime. Por esta razón, algunos filósofos de los nuestros pretenden que la ira brota del pecho cuando la sangre hierve en derredor del corazón; y no hay otra razón para asignar con preferencia este asiento a la ira, sino que el pecho es la parte más caliente de todo el cuerpo. En los que domina el principio húmedo, la ira crece poco a poco, porque no está preparado en ellos el calor, sino que lo adquieren por el movimiento. Así es que la ira de las mujeres y de los niños antes es viva que profunda, siendo débil en su principio. en las edades secas, la ira es violenta y sostenida, pero sin aumento, progresando poco porque al calor, que ya declina, le reemplaza pronto el frío. Los ancianos son susceptibles y quisquillosos, como los enfermos y convalecientes y aquellos a quienes el cansancio o pérdida de sangre han agotado el calor. En igual condición se encuentran los atormentados por el hambre y la sed, los que tienen sangre pobre y los debilitados por mala alimentación. El vino inflama la ira, porque aumenta el calor, según el temperamento de cada cual.

XX. Algunos se enfurecen en la embriaguez, otros...[?] heridos. Tampoco existe otra causa para que los iracundos tengan el cabello rojo y la tez encendida, poseyendo naturalmente el color que la ira da de ordinario a los demás, porque su sangre es muy movible y agitada. Pero de la misma manera que la naturaleza produce temperamentos dispuestos a la ira, así también muchas causas accidentales tienen el mismo poder que la naturaleza. Las enfermedades o padecimientos del cuerpo producen estos efectos; en otros el trabajo, continuas vigilias, noches inquietas, la ambición, el amor, en fin, toda causa que afecta al cuerpo y al alma, prepara la mente enferma a la irascibilidad. Pero estas cosas solamente son principios y causas, estribando todo en el hábito, que si es profundo, alimenta al vicio. Difícil es, sin duda, cambiar el carácter, y no es posible transformar los elementos una vez combinados en el que nace; pero conveniente es saber que a los espíritus fogosos se debe prohibir el vino. Platón cree que debe negarse a los niños, y prohíbe alimentar el fuego con el fuego. Tampoco se los debe sobrecargar de alimentos que dilatan el cuerpo, porque los espíritus se entumecen con ellos. El trabajo debe ejercitarles sin fatigarles, de manera que disminuya su calor sin extinguirse y su excesivo ardor arroje la espuma. También son útiles los juegos, porque moderados placeres aflojan y dulcifican los ánimos. Los temperamentos húmedos, secos y fríos no están expuestos a la ira, pero han de temer defectos más grandes, la cobardía, irresolución, abatimiento y desconfianza.

XXI. Estos caracteres necesitan blandura y dulzura, que les lleven a la alegría. Y como han de emplearse contra la ira diferentes remedios que contra la tristeza, y estos defectos exigen tratamientos no solamente diversos sino contrarios, combatiremos siempre al más saliente. Mucho importa, repito, que los niños reciban desde muy temprano saludable educación. Tarea difícil es esta, porque debemos atender a no alimentar en ellos la ira y a no embotar su ánimo. Este asunto reclama diligente observación. Tanto lo que conviene cultivar como lo que se necesita extinguir, se nutre de los mismos alimentos, y lo semejante con facilidad engaña hasta al más atento. El espíritu abusa de la licencia; se deprime en la servidumbre; los elogios le exaltan inspirándole noble confianza en sí mismo, pero al mismo tiempo engendran la insolencia y la irascibilidad. Necesario es, pues, mantener al niño igualmente alejado de ambos extremos, a fin de poder emplear unas veces el freno y otras el aguijón, y no se le imponga nada humillante ni servil. Que nunca necesite pedir suplicando, ni le aproveche la súplica; que nada se le dé sino por consideración de él mismo, de su conducta pasada o buenas promesas para el porvenir. En sus luchas con los compañeros, no se consienta que sea vencido ni que se encolerice; procuremos que sea amigo de aquellos con quienes acostumbra rivalizar, con objeto de que en los certámenes se acostumbre, no a herir, sino a vencer. Cuantas veces triunfe o haya realizado algo laudable, dejémosle que se gloríe, pero que no se aplauda con exceso, porque la alegría lleva a la embriaguez, la embriaguez al orgullo y a elevada idea de sí mismo. Concederémosle algún descanso, pero no le dejaremos ablandarse en la ociosidad y la pereza, y le mantendremos alejado del contacto de las voluptuosidades. Nada hace tan irritable como educación blanda y complaciente, y por esta razón cuanta más indulgencia se tiene con un hijo único, cuanto más se concede a un pupilo, más se corrompe su ánimo. No soportará una ofensa aquel a quien nunca se negó nada, aquel cuyas lágrimas enjugó siempre tierna madre, que constantemente tuvo razón contra su pedagogo. ¿No ves que las riquezas más grandes van acompañadas siempre de las iras mayores? Este vicio se muestra principalmente en los ricos, en los nobles, en los magistrados cuando la fortuna hincha y levanta todo lo que hay de vano y frívolo en el corazón. La prosperidad alimenta la cólera, cuando la muchedumbre de aduladores asalta los oídos del soberbio y le dice: No te mides por tu altura, voluntariamente te rebajas; y otras lisonjas a las que difícilmente resistiría un espíritu sano y sólidamente fundado desde antiguo. Necesario es, pues, alejar de la infancia de toda adulación; que oiga la verdad; que algunas veces conozca el temor y siempre el respeto; que rinda homenaje a la ancianidad; que nada consiga por la ira. Ofrézcasele cuando esté tranquilo, aquello que se le negó cuando lloraba; que tenga en perspectiva y no en uso las riquezas paternas, y que se le repruebe toda mala acción.

XXII. Importante es para esto elegir preceptores y pedagogos de plácido carácter. Todo lo tierno se adhiere a lo inmediato y crece conformándose con ello: el adolescente reproduce muy pronto las costumbres de las nodrizas y pedagogos. Un niño educado en casa de Platón y llevado a la casa paterna, viendo irritarse a su padre gritando, dijo: «Nunca vi eso en casa de Platón». Pero no dudo que más bien imitaría a su padre que a Platón. Sea ante todo frugal la alimentación del niño, sin lujo sus trajes y semejantes a los de sus compañeros. No se irritará al verse comparado a los demás, si desde el principio le haces igual al mayor número. Pero todo esto se refiere solamente a nuestros hijos. En cuanto a nosotros, si la suerte del nacimiento y de la educación no deja lugar al vicio ni a los preceptos, habremos de ordenar los días que nos quedan. Debemos, pues, combatir contra las causas primeras. Causa de la ira es la idea de que se ha recibido una injuria; necesario es no creer en ello fácilmente, ni ceder ni aun a aquellas cosas que nos parecen evidentes, porque con frecuencia lo falso tiene las mismas apariencias que lo verdadero. Indispensable es conceder siempre un plazo; el tiempo descubre la verdad. No prestemos complaciente oído a los que acriminan: conozcamos bien y desconfiemos de este vicio de la naturaleza humana, por el cual creemos de buen grado lo que nos disgusta saber, y nos irritamos antes de juzgar.

XXIII. ¿Qué sucederá si dejándonos arrastrar n solamente por falsos relatos, sino que también por sospechas, si interpretando en mal sentido el gesto, la sonrisa, nos irritamos contra inocentes? Necesario es, pues, que defendamos contra nosotros mismos la causa del ausente, y dejemos en suspenso nuestra ira. El castigo diferido puede cumplirse, pero, cumplido no puedo suspenderse ya. Conocido es aquel tiranicida que, sorprendido antes de haber consumado su obra, y atormentado por Hipias para que delatase a sus cómplices, nombró los amigos del tirano que estaban en derredor suyo, y que sabía apreciaban más su vida: cuando los hubo mandado a la muerte uno a uno, preguntándole si quedaba alguno más por nombrar: «A ti solo, contestó, porque no he dejado a nadie que te quiera». La ira hizo que el tirano ayudase al tiranicida e hiriese a sus defensores con su propia espada. ¡Cuánto más animoso fue Alejandro! Habiendo recibido una carta de su madre, en la que le prevenía que se precaviese del veneno del médico Filipo, bebió descuidadamente la poción que le propinaba. Confiando en sí mismo en cuanto a su amigo, digno fue de encontrarlo, y digno de hacerle inocente. Esto lo admiro tanto más en Alejandro, cuanto que nadie, fue más pronto a la ira, siendo más de aplaudir la moderación en los reyes cuanto más rara es. También lo hizo así C. César usando con suma clemencia de la victoria civil. Habiendo sorprendido carpetas que contenían cartas escritas a Pompeyo por aquellos que al parecer habían seguido el partido contrario o permanecido neutrales, las quemó, y aunque de ordinario era muy moderado en su ira, prefirió no tener ocasión para irritarse. Consideró que la manera más noble de perdonar es ignorar las ofensas de todos. Muchos males causa la credulidad, con frecuencia ni siquiera se le debe escuchar, porque en ciertas cosas mejor es ser engañado que desconfiado.

XXIV. Indispensable es desterrar del alma toda sospecha y conjetura ocasionada a injustas iras. Aquél me ha saludado con poca cortesía, aquel otro no correspondió cariñosamente a mi ósculo; éste ha interrumpido bruscamente una frase comenzada; aquél no me ha invitado a su banquete, y el semblante del otro no me ha parecido muy risueño. Nunca faltará pretexto a la sospecha: contemplemos con mayor sencillez las cosas, y juzguémoslas con más benignidad. Creamos solamente lo que hiera nuestros ojos, lo que sea evidente, y siempre que descubramos la falta de fundamento de nuestras sospechas, reprendamos nuestra credulidad. Este castigo nos acostumbrará a no creer fácilmente.

XXV. Síguese de esto que no debemos encolerizarnos por causas frívolas y despreciables. Mi esclavo es torpe, el agua está tibia, el lecho poco mullido, la mesa descuidadamente servida: locura es irritarse por esto; de enfermos es o de pobre salud el estremecerse al viento más ligero; de vista muy delicada deslumbrarse por la blancura de una toga; de enervado por la molicie sentir dolor de costado por el trabajo ajeno. Cuéntase que Mindyrides, de la ciudad de los Sibaritas, viendo un hombre que cavaba la tierra y alzaba bastante el azadón, se quejó de fatiga, y le prohibió continuar su trabajo en presencia suya. El mismo se lamentaba de tener una contusión por haberse acostado sobre hojas de rosa plegadas. Cuando las voluptuosidades han corrompido a la vez el cuerpo y el alma, todo parece insoportable, no por su dureza, sino por nuestra molicie. ¿De qué proceden en verdad esos accesos de ira por una tos o estornudo, por una mosca que no han espantado bastante pronto, por encontrar en nuestro camino un perro, por caer inadvertidamente una llave de la mano del esclavo? ¿Soportará con tranquilidad los gritos populares, los sarcasmos del Foro y de la curia, aquel cuyos oídos ofenden el ruido de una silla arrastrada? ¿Soportará el hambre y la sed en una guerra de estío el que se irrita contra el esclavo que ha disuelto mal la nieve en el vino?

XXVI. Así, pues, nada alimenta tanto la ira como las intemperancias e impaciencias de la molicie. Debemos tratar nuestra alma con dureza, para que no sienta los golpes si no son muy graves. Nos irritamos contra objetos de que no hemos podido recibir injuria, o contra aquellos de que hemos podido recibirla. Entre los primeros los hay inanimados, como el libro, que algunas veces arrojamos porque está escrito en caracteres muy pequeños o rasgamos porque le encontramos faltas; como los vestidos, que hacemos pedazos porque nos desagradan: ¿no es demencia irritarse contra cosas que no pueden merecer ni sentir nuestra cólera? «Pero nos ofenden los que las hicieron». En primer lugar, frecuentemente nos irritamos antes de hacer esta distinción, y además, tal vez los mismos artífices podrían alegar buenas excusas. Uno no pudo hacerlo mejor que lo hizo, y no es injurioso para ti si no sabe más; el otro no lo hizo por ofenderte. En último caso, ¿qué locura mayor que derramar sobre cosas la bilis excitada por hombres? Pero si es insensato irritarse contra objetos privados de sentimiento, no lo es menos irritarse contra animales que no pueden injuriarnos porque no pueden quererlo, porque no hay injuria si no parte de la intención. De la misma manera pueden perjudicarnos que un arma, una piedra, pero no pueden causarnos injuria. Sin embargo, personas hay que se creen ultrajadas si un caballo dócil con otro jinete no lo es con ellas; como si la reflexión y no la costumbre y ejercicios del arte fuese la que hiciese ciertas cosas más manejables a ciertos hombres.

XXVII. Ahora bien, si la ira en estos casos es ridícula, lo es también en cuanto a los niños y aquellos que no les superan mucho en prudencia. Ante juez equitativo, en todas las faltas, la imprevisión se considera inocencia. Otros seres existen que no pueden dañar, sino que tienen propiedad benéfica y saludable, como los dioses inmortales que no quieren ni pueden perjudicar, Dulce y tranquila es su naturaleza, y tan lejana de dañar a los otros como a sí misma. Solamente los insensatos y los que desconocen la verdad pueden imputarles los furores del mar, las lluvias excesivas, los rigores del invierno, cuando no se dirige especialmente a nosotros nada de lo que nos favorece o perjudica. A los ojos de la naturaleza, no somos nosotros causa de los periódicos regresos del invierno y del verano; esto depende de leyes con las que gobierna lo divino. Nos estimamos con exceso al creernos dignos de ser principio de tan maravillosos movimientos. Nada de esto se ha hecho en perjuicio nuestro; todo lo contrario, nada hay que no se haya hecho en nuestro favor. Hemos dicho que existen seres que no pueden dañar: otros hay que no quieren. Entre éstos se encuentran los magistrados buenos, los padres, preceptores y jueces, cuyos castigos han de considerarse como el escalpelo, la dieta y demás cosas que nos hacen daño para nuestro bien. ¿Sufrimos una pena? recordemos, no lo que sufrimos, sino lo que hemos hecho: examinemos nuestra conducta. Si queremos confesarnos la verdad, apreciaremos con mayor severidad nuestro delito. Si queremos ser jueces equitativos, convendremos ante todo en que ninguno de nosotros está exento de faltas. Nuestra mayor indignación nace de decirnos: Nada tengo que reprenderme; no he hecho nada; es decir, que no te confiesas nada. Nos sublevamos al vernos sometidos a alguna represión, a algún castigo; mientras que en el momento mismo delinquimos añadiendo a nuestras faltas la arrogancia y rebelión. ¿Quién podrá llamarse inocente ante todas las leyes? Y aun siendo así, ¡qué pobre inocencia no ser bueno más que según la ley! La regla de nuestros deberes es mucho más extensa que la de nuestro derecho. ¿Cuántas cosas nos mandan la piedad, la humanidad, la liberalidad, la justicia y la buena fe, que no están escritas en las tablas de la ley?

XXVIII. Pero ni siquiera podemos seguir esta estrechísima fórmula de inocencia. Hemos hecho unas cosas, otras las hemos meditado, deseado éstas y ayudado a aquéllas; en algunas somos inocentes porque no han tenido resultados. Pensando esto, seremos más indulgentes para con los que delinquen y más dóciles a las represiones: sobre todo no nos irritemos contra nosotros mismos (¿a quién perdonaremos si no nos perdonarnos?), y menos aún contra los dioses. Los disgustos que nos sobrevienen no los soportamos por su ley, sino por la de la humanidad. Nos asaltan enfermedades y dolores. De alguna manera hemos de salir de este domicilio de sórdido barro. Te dirán que alguno ha hablado mal de ti; medita si no has comenzado primero; investiga de cuántos has hablado tú. Consideremos, en fin, que unos no infieren injuria, sino que la devuelven; que otros la infieren inducidos a ellos, éstos obligados, aquéllos por ignorancia: hasta el que la infiere voluntariamente y con conocimiento, al ofendernos, no trata de hacerlo así. O cede al atractivo de un chiste, o hace algo, no por causarnos daño, sino porque no podía prosperar sin rechazarnos. Frecuentemente hiere la adulación al acariciar. Quien recuerde cuántas veces ha estado expuesto a falsas sospechas, cuántos favores le ha otorgado la fortuna bajo apariencias de daño, a cuántas personas ha amado después de haberlas odiado, no se irritará con tanta prontitud, sobre todo si a cada cosa que le ofende se dice secretamente: Yo también he hecho lo mismo. Pero ¿dónde encontrarás un juez tan equitativo? ¿Acaso en el que nunca ve la mujer ajena sin desearla, bastándole para justificar su amor que sea de otro, al mismo tiempo que no quiere que miren la suya? ¿Acaso en el hombre sin fe que exige inflexiblemente el cumplimiento de la promesa, en el perjuro que persigue la mentira, en el calumniador que está impaciente porque se le llame a juicio? No quiere que se atente al pudor de sus esclavos jóvenes el mismo que entrega el suyo. Tenemos delante de los ojos los vicios ajenos, y a la espalda los nuestros. Por esta razón reprende el padre los prolongados festines de un hijo menos desarreglado que él. El que nada niega a sus pasiones, no concede nada a las de los demás; el tirano se irrita contra el homicida, y el sacrílego castiga los robos. La mayoría de los hombres se irrita no contra el delito, sino contra el delincuente. El examen de nosotros mismos nos hará más indulgentes, si nos preguntamos: ¿No hemos hecho algo parecido? ¿No hemos errado de la misma manera? ¿Ganamos algo con condenar? El mejor remedio para la ira es el tiempo. No le pidas al principio que perdone, sino que juzgue; si espera, se disipa. No trates de comprimirla de un solo golpe; su primer arrebato es demasiado enérgico; pero se la vence por completo si se le ataca por partes.

XXIX. De las cosas que nos ofenden, unas nos las refieren, otras las oímos o vemos nosotros mismos. En cuanto a las que nos refieren, no debemos apresurarnos a creerlas. Muchos mienten para engañar, otros porque están engañados. Este acrimina para captarse benevolencia, y supone la injuria para mostrarnos interés; aquél, por desconfianza, intenta romper íntimas amistades, y no falta quien, por malicia, goza en contemplar desde lejos y sin peligro la lucha de los que llevó a la discordia. Si tuvieses que juzgar en un litigio sobre cantidades pequeñas, sin testigo, nada se te probaría; sin juramento el testigo no valdría; a las dos partes otorgarías dilación, concederías tiempo, oiríaslas más de una vez, porque la verdad brilla tanto más cuantas más veces nos ha pasado por las manos. ¿Y al amigo le condenas en el acto, sin oírle, sin interrogarle? ¿Antes de que pueda conocer su acusador o su delito, te irritas contra él? ¿Conoces en el acto la verdad? ¿Has oído lo que dirán el uno y el otro? El mismo que te lo refirió desistirá de ello si tiene que probarlo. -No me descubras, te dirá; si me nombras, lo negaré todo: nunca te diré ya nada. -Al mismo tiempo que te excita, se sustrae de la lucha y el combate. Quien solamente en secreto quiere hablarte, casi no habla. ¿Qué cosa más inicua que creer en secreto e irritarse en público?

XXX. De algunas cosas somos testigos nosotros mismos. En este caso, examinemos el carácter e intención de los que las hacen. ¿Es un niño? se perdona a la edad; ignora, si hace daño. ¿Es un padre? o nos ha hecho bastante bien para adquirir derecho a una ofensa, o tal vez es un favor más el que tomamos por injuria. ¿Es una mujer? se engaña. ¿Es por mandato? ¿quién podría, sin injusticia irritarse contra la necesidad? ¿Es por represalia? no se te injuria si sufres lo que tú has hecho sufrir antes. ¿Es un juez? respeta más su sentencia que la tuya. ¿Es un rey? si te castiga culpable, cede a la justicia; si inocente, cede a la fortuna. ¿Es un animal irracional u otro ser parecido? te haces semejante a él irritándote. ¿Es una enfermedad, una calamidad? más pronto pasará si la soportas. ¿Es un dios? pierdes el trabajo irritándote contra él, lo mismo que al invocar su cólera contra otro. ¿Es un varón justo el que le ha injuriado? no lo creas. ¿Es un malvado? no te asombres; otro le castigará por lo que te ha hecho; y ya lo está por la falta misma que ha cometido. Dos circunstancias, como dije, excitan la ira: primera, si creemos que se nos ha injuriado: sobre ésta ya hemos dicho bastante; segunda, cuando nos parece que ha sido injustamente: de ésta vamos a ocuparnos. Los hombres consideran como injustas ciertas cosas que no merecen sufrir u otras que no esperaban. Consideramos inicuo lo improvisto; así es que lo que ocurre contra lo que esperábamos es lo que más subleva. No por otra razón nos ofenden en nuestra casa hasta las cosas más pequeñas, y consideramos injuria la negligencia del amigo.

XXXI. «¿Por qué, dicen, somos tan sensibles a los ultrajes de un enemigo?» Porque no los esperábamos, o porque exceden a lo que esperamos. Esto es efecto de excesivo amor propio: consideramos que debemos ser inviolables hasta para nuestros enemigos. Cada cual tiene en su interior pretensiones de rey, y quiere tener sobre los demás autoridad absoluta, sin conceder ninguna sobre él. Así, pues, la ignorancia de las cosas o la presunción es lo que nos hace irascibles. La ignorancia ¿puede extrañarse que los malvados realicen el mal? ¿Qué de particular tiene que un enemigo perjudique, que un amigo ofenda, que un hijo se extravíe, que un esclavo delinca? Fabio decía que era deplorable excusa para un general decir: No pensé en ello: por mi parte creo que es deplorable para todo hombre. Piensa en todo; prevelo todo: hasta en los caracteres mejores existen asperezas. La naturaleza humana produce amigos insidiosos, produce ingratos, produce codiciosos, produce impíos. En tus juicios acerca de las costumbres de uno solo, piensa en las costumbres públicas: cuando te felicitas más, debes temer más; cuando todo te parece tranquilo, no han desaparecido las tempestades, sino que están adormecidas: piensa que siempre existe algo que puede perjudicarte. El piloto no despliega nunca todas sus velas con seguridad tan completa, que no estén preparadas las jarcias para replegarlas. Recuerda sobre todo que la pasión de dañar es infame y odiosa, y completamente extraña a la índole del hombre, cuya bondad dulcifica hasta las naturalezas más agrestes. Contempla al elefante doblando la cabeza bajo el yugo, al toro dejando que impunemente monten en su lomo mujeres y niños, a las serpientes deslizándose entre nuestras copas y rodeando nuestros pechos con inocentes pliegues, y, en nuestras casas, leones y osos abriendo ante nuestras manos bocas pacíficas y prodigando caricias a sus amos: vergüenza sería haber cambiado con los animales las costumbres. Crimen es dañar la patria, por consecuencia también a un ciudadano, que es parte de la patria. Cuando el todo es sagrado, la parte tiene derecho al respeto; luego el hombre es sagrado, porque es tu conciudadano en la gran ciudad. ¿Qué sucedería si las manos quisiesen dañar a los pies y los ojos a las manos? Así como todos los miembros deben estar de acuerdo, porque a todos interesa la conservación de cada uno, así también los hombres deben socorrerse recíprocamente, porque han, nacido para vivir en común: y no puede salvarse la sociedad sin el amor y mutuo apoyo de cada una de sus partes. No aplastaríamos ni a las víboras y serpientes de agua, funestas por sus golpes y mordeduras, si pudiésemos domesticarlas como a los otros animales, e impedirles que fuesen dañosas para nosotros y para los demás. Así también no castigaremos al hombre porque pecó, sino para que no peque más; y en sus penas, la ley no atiende a lo pasado, sino a lo porvenir; porque no se irrita sino que prevé. Si se hubiese de castigar toda índole depravada y dispuesta al mal, la pena no exceptuaría a nadie.

XXXII. «Pero la cólera encierra cierto placer, y es dulce devolver el mal». De ninguna manera; porque si es bella cosa en los favores recompensar el bien con el bien, no lo es devolver injuria por injuria, en aquello es vergonzoso ser vencido; en esto, vencer. La venganza no es palabra humana (por lo que se la confunde con la justicia), y el talión solamente se diferencia de ella en que es ordenado. El que devuelve la injuria peca aunque con alguna excusa. Un hombre golpeó por equivocación en los baños públicos a M. Catón, a quien no conocía, ¿quién la, hubiese ofendido conociéndole? y excusándose en seguida, dijo Catón: «No recuerdo haber recibido golpes». Consideró mejor olvidar la injuria que castigarla. -¿No resultó algún mal, dices, de tanto exceso de insolencia? -Al contrario, mucho bien; aquel hombre aprendió a conocer a Catón. De grandes almas es despreciar las injurias: la venganza más humillante para el agresor es no parecer digno de provocar venganza. Muchos, al pedir reparación por injurias pequeñas, no han hecho más que agravarlas: grande y generoso es aquel que, imitando a las fieras nobles, oye sin conmoverse los impotentes ladridos de los gosquecillos. -Se nos despreciará menos si nos vengamos, dices. -Si llegarnos a la venganza como remedio, lleguemos a ella sin ira, y no porque la venganza sea dulce, sino porque sea útil. Pero frecuentemente mejor es disimular que vengarse.

XXXIII. Las injurias de los poderosos deben soportarse no solamente con paciencia, sino que también con risueño rostro, porque humillarán de nuevo si se persuaden de que han humillado. Lo más repugnante en la insolencia de los afortunados es odiar a aquellos a quienes ofendieron. Conocidísima es la frase de aquel que había envejecido sirviendo a reyes, cuando le preguntaban cómo había llegado a cosa tan rara en la corte, a la vejez: «Recibiendo injurias, contestó, y dando las gracias». Frecuentemente no es provechoso vengar las injurias, siéndolo por el contrario no reconocerlas. Disgustado C. César por la minuciosidad que afectaba en traje y peinado el hijo de Pastor, ilustre caballero romano, le hizo reducir a prisión, y rogándole el padre que perdonase a su hijo, cual si la súplica fuese sentencia de muerte, ordenó en el acto que le llevaran al suplicio. Mas para que no fuese todo inhumano en sus relaciones con el padre, le invitó a cenar aquella misma noche. Pastor acudió sin mostrar el menor disgusto en el semblante. Después de encargar que le vigilasen, César le brindó con una copa grande, y el desgraciado la vació completamente, aunque haciéndolo como si bebiese la sangre de su hijo. Mandole perfumes y coronas, con orden de observar si los aceptaba; los aceptó. El mismo día en que había enterrado al hijo, o mejor dicho, que no pudo enterrarlo, él, centenario, estaba reclinado en el lecho en el banquete de César, y el anciano gotoso hacia libaciones que apenas se permitían el día del nacimiento de un hijo. Durante todo el tiempo no derramó ni una lágrima, ni señal alguna reveló su dolor. Cenó como si hubiese obtenido el perdón de su hijo. ¿Me preguntas por qué? Porque tenía otro. ¿Qué hizo Príamo? ¿no disimuló su ira y abrazó las rodillas del Rey? A sus labios llevó aquella mano funesta, teñida con la sangre de su hijo, y ocupó su lugar en el banquete, pero sin perfumes, sin coronas; su cruel enemigo le instaba, a fuerza de consuelos tomar algún alimento, y a vaciar anchas copas bajo la vista de un vigilante escondido. Aquiles hubiese despreciado al padre troyano si hubiese temido por sí mismo, pero el amor paternal triunfó de la ira. Digno fue Príamo de que se le permitiese, al salir del festín, recoger los restos de su hijo. No permitió esto el joven tirano con su afable y benévolo aspecto; provocando al anciano con frecuentes brindis, le invitaba a desterrar sus penas, y éste, en recompensa, se mostraba regocijado e indiferente a lo que había pasado aquel día. El segundo hijo hubiese perecido, de no quedar el verdugo contento del convidado.

XXXIV. Necesario es abstenerse de la ira, sea contra el igual, sea contra el superior, sea contra el inferior. El resultado de la lucha con el igual es problemático; luchar con el superior es insensato, y vil con el inferior. Despreciable e infeliz es el que devuelve el mordisco: el ratón y la hormiga amenazan la mano que les coge: los seres débiles se creen ofendidos en cuanto se les toca. Nos calmará el recuerdo de los favores recibidos en otro tiempo de aquel contra quien nos irritamos, y el beneficio rescatará la ofensa. Recordemos también la reputación que nos formará nuestra fama de dulzura, y cuántos amigos útiles proporciona la clemencia. No tengamos ira contra los hijos de nuestros enemigos públicos y privados. Uno de los ejemplos de la crueldad de Sila fue haber expulsado de los cargos públicos a los hijos de los proscritos. Nada más injusto que hacer pasar a los hijos el odio que se tuvo a los padres. Preguntémonos, cuando nos cueste trabajo perdonar, si nos convendría que fuesen todos inexorables con nosotros. ¡Cuántas veces implora perdón el que lo negó! ¡Cuántas veces cae a los pies del que rechazó con los suyos! ¿Qué hay más noble que transformar la ira en amistad? ¿Qué aliados más fieles tuvo el pueblo romano que aquellos que por mucho tiempo fueron sus enemigos más encarnizados? ¿Qué sería hoy del Imperio si afortunada previsión no hubiese confundido vencidos y vencedores? ¿Se irrita alguno? atráele tú con beneficios. La lucha cesa en cuanto uno de los dos abandona el puesto: para combatir se necesitan dos. Si se traba pelea, mézclase la ira; triunfa aquel que retrocede primero; el vencedor es vencido. Te ha golpeado, retírate. Al devolverle los golpes, le proporcionarás ocasión de darte más y con excusa; ni podrás desembarazarte de él cuando quieras. ¿Quién querría herir con tal fuerza al enemigo que dejase la mano en la llaga sin poder retirarla? Arma de esta clase es la ira; difícilmente se retira.

XXXV. Elegimos armas convenientes, espada cómoda y fácil de manejar: ¿y no evitaremos las pasiones del alma, mucho más pesadas y que descargan golpes más furiosos e irrevocables? Aquella rapidez agrada en un caballo que se detiene a la voz, que no traspasa el término, que puede regirse a voluntad y reducirse de la carrera al paso. Sabemos que los nervios están enfermos cuando se agitan a pesar nuestro. Solamente los ancianos y los enfermos corren cuando quieren andar. Sanos y vigorosos son aquellos movimientos del alma que siguen nuestro impulso, no los arrastrados por el suyo. Nada, sin embargo, será tan útil como considerar primeramente la deformidad de la ira, y después sus peligros. Ninguna pasión tiene aspecto tan desordenado; afea los semblantes más bellos y descompone los rostros más tranquilos. El hombre irritado pierde toda dignidad, si su toga está plegada, según la costumbre, la dejará arrastrar y olvidará todo cuidada de su persona; si el arte y la naturaleza han dispuesto sus cabellos de manera conveniente, con la ira se erizarán; hincharanse sus venas; oprimida respiración agita su pecho; los furiosos esfuerzos de su voz le dilatan el cuello; estremécense sus miembros, tiemblan sus manos y agítase todo su cuerpo. ¿Qué piensas del estado interior de un alma cuya representación

es tan repugnante? ¿Cuánto más terrible deben ser sus rasgos secretos, más ardiente su fermentación, y más vehementes sus arrebatos, fuego terrible que se devoraría a sí mismo si no estallase? Como los enemigos, como las bestias feroces corriendo a la matanza, o por la matanza repugnante, como los monstruos infernales que han imaginado los poetas, con su cinturón de serpientes y su aliento de fuego, las negras Furias del averno lanzándose para enardecer a los combatientes, para sembrar la discordia entre los pueblos y destruir la paz, así podemos representarnos la ira, centelleantes los ojos, aullado, silbando, rechinando y rugiendo, reproduciendo en el huracán los sonidos más siniestros, blandiendo puñales con ambas manos; porque no cuida de cubrirse; torva, ensangrentada, cubierta de cicatrices y lívida con sus propios golpes, con vacilante paso y la razón ofuscada bajo densas nubes, corre de un lado para otro; destruye y se encarniza en su víctima; encuéntrase abrumada con el odio de todos y principalmente con el suyo, y si no puede dañar de otra manera, invoca la destrucción de la tierra, de los mares y del cielo, maldiciendo ala vez que maldita:

Sanguineum quatiens dextra Bellena Ilagellum,
Aut seissa gaudens vadit iscordia palla[8];

o si es posible, imagínense rasgos más espantosos para esta repugnante pasión.

XXXVI, Algunos hay, dice Sextio, a quienes aprovechó mirarse al espejo estando irritados: asustados por aquella transformación, creyeron tener delante una realidad, y no se reconocieron. ¡Y cuán lejos está aún esta imagen reflejada por el espejo de su verdadera deformidad! Si el alma pudiera mostrarse a los ojos y reflejarse en cualquier superficie, nos confundiríamos al verla lívida y manchada, espumosa, convulsa e hinchada. Si actualmente vemos aparecer su deformidad a través de los huesos, de las carnes y de multitud de obstáculos, ¿qué sería si la contemplásemos desnuda? «Crees que nadie ha desistido de la ira ante un espejo». ¿Cómo no? correr al espejo para mirarse, es haber desistido ya. Nunca se encuentra más bella la ira que en su más espantosa fealdad, y tal como es quiere parecer. Pero mejor es considerar cuántas veces ha dañado por sí misma. Unos, en ciego arrebato, se cortaron las venas; otros vomitaron sangre por haber esforzado los gritos, y refluyendo con violencia el humor a los ojos, oscureció su limpidez, y los enfermos experimentaron aumento de dolores:

nada lleva con más rapidez a la locura. Así, pues, en muchos la demencia no fue otra cosa que continuación de la ira, y una vez perdida la razón no la recuperaron jamás. La demencia impulsó a Ayax a la muerte, y la ira a la demencia. Invocan la muerte sobre sus hijos, sobre ellos la indigencia, la ruina sobre su casa; y estos furiosos niegan su ira, como niegan su locura. Enemigos de sus mejores amigos, peligrosos para aquellos a quienes más quieren, no conociendo de la ley más que los castigos, girando al soplo más ligero, son inaccesibles a las palabras como a los favores. Su único guía es la violencia, y tan dispuestos están a clavaros la espada como a arrojarse sobre ella. Les domina el mayor de todos los males, superior a todos los vicios. Los otros penetran en el alma poco a ; éste la invade desde el primer momento y por completo; domina, en fin, todas las demás

pasiones, y vence al amor más ardiente. Así es que hay amantes que traspasan el pecho de la amada y abrazan locos a su víctima. La avaricia, ese mal inveterado, ese mal tan rebelde, resulta vencido también por la ira; arrástrala a disipar sus riquezas y a entregar a las llamas su casa y sus amontonados tesoros. ¡Cómo! ¿no ha rechazado el ambicioso las insignias que en tanto estima ba y repudiado los honores que le ofrecían? No existe pasión alguna a la que no se sobreponga la ira.

Libro tercero

I. Intentaremos hacer ahora, querido Novato, lo que más deseabas, es decir, arrancar la ira, o al menos refrenarla y moderar sus ímpetus. Algunas veces es necesario atacarla de frente y al descubierto, cuando lo permite la debilidad del mal otras por modo indirecto, cuando su excesivo ardimiento se exaspera y recrudece ante los obstáculos. Importa mucho saber si goza de grandes fuerzas y si está en su plenitud; si es necesario azotarla y rechazarla, o ceder al primer ímpetu de la tempestad que arrastraría el dique con ella. Consultar debemos la índole de cada cual; porque algunos se dejan vencer por súplicas, otros contestan a la sumisión con insultos y violencias. Unos se calman ante el terror, otros con reconvenciones; aquéllos con una concesión, éstos con la vergüenza; algunos con el aplazamiento, remedio muy lento para mal tan activo, y al que no debemos resignarnos sino en último caso. Las otras pasiones admiten dilación y su curación puede diferirse; pero ésta, violenta, impetuosa y excitándose a sí misma, no crece insensiblemente, sino que nace completa. No emplea, como los otros vicios, la seducción; arrastra y empuja al hombre fuera de sí, apasionado por el mal que él mismo tiempo que lo sufre. Su furor no cae solamente sobre aquel a quien persigue, sino sobre todo lo que encuentra al paso. Los otros vicios impulsan al ánimo, la ira lo precipita; y aunque no sea posible resistir a sus impulsos, al menos las mismas pasiones pueden detenerse; ésta, parecida al rayo, a las tempestades y demás azotes, no puede detenerse, porque avanza cayendo, y la caída aumenta incesantemente sus fuerzas. Los otros vicios alteran la razón; éste la salud; los otros presentan agradable pendiente, que nos oculta sus progresos; la ira es el precipicio del alma. Nada nos persigue como esta pasión, aturdida en sus fuerzas, soberbia después del triunfo, loca después del engaño; el fracaso no la desalienta; si la fortuna le sustrae su adversario, revuelve contra sí misma su furiosa mordedura; no importa cuál sea su origen; nacida de poca cosa, desenvuélvese de un modo inmenso.

II. Ninguna edad perdona; a ningún hombre exceptúa. Pueblos hay que, por su extremada pobreza, no conocen el lujo; otros que, gracias a su vida nómada y activa, se libran de la ociosidad; los que tienen costumbres campestres y vida sencilla no conocen el amojonamiento de los campos, el fraude y los males que nacen del foro. Pero no hay pueblo al que no atormente la ira, tan poderosa entre los Griegos como entre los Bárbaros, tan funesta a los que temen la ley como a los que miden el derecho por la fuerza. Además, las otras pasiones corrompen a los individuos; ésta es la única que a las veces se apodera de toda una nación. Nunca ardió en amor un pueblo entero por una mujer; jamás una ciudad entera cifró su esperanza en el dinero y la ganancia; la ambición domina en pechos aislados; el orgullo no es enfermedad pública. Pero frecuentemente produce la ira levantamientos en masa. Hombres, mujeres, ancianos, niños, jefes y pueblos se encuentran unánimes, y la multitud, agitada por algunas palabras, va más lejos que el agitador. Córrese en el acto al hierro y al fuego; declárase la guerra a los pueblos vecinos; se hace a los conciudadanos; quémanse casas con toda una familia; y el orador querido, colmado de honores en otro tiempo, cae bajo la ira del tumulto que ha producido; legiones vuelven sus armas contra su General; el pueblo entero se separa del Senado; el Senado, ese oráculo de los pueblos, sin esperar las elecciones, sin nombrar un General, improvisa los ministros de su ira, y persiguiendo en las casas nobles jóvenes, él mismo se hace ejecutor de suplicios. Ultrájase a los embajadores, con menosprecio del derecho de gentes, y rabia criminal enardece a la ciudad; no se da tiempo a la ira pública para que se calme, sino que en el acto se lanzan flotas al mar cargadas de soldados que se amontonan apresuradamente en ellas. Nada de formalidades, nada de auspicios: el pueblo se precipita sin otro guía que su ira, sin otras armas que las que le proporciona la casualidad y el pillaje, para expiar después con sangrienta derrota la temeraria audacia de su rabia.

III. Esto es lo que acontece a los Bárbaros que se lanzan ciegamente a la pelea. Cuando la injuria más ligera hiere a estos espíritus móviles, se irritan en seguida, y hacia donde la ira les impulsa caen sobre los pueblos como el huracán, sin orden, sin temor, sin previsión; ávidos de peligros, glórianse de los golpes recibidos, de arrojarse sobre las espadas, de chocar contra los dardos y de abrirse paso a pesar de las heridas. «Indudable es, dices, que la ira es una fuerza poderosa y destructora; muéstrame, pues, cómo debe curarse». Sin embargo, como dije en libros anteriores, Aristóteles se muestra defensor de la ira, y no prohíbe extirparla. Dice que ella es el aguijón de la virtud; arrancada, queda desarmada el alma, embotada e impotente para las cosas grandes. Necesario es, pues, presentarla en toda su deformidad, en toda su ferocidad, y hacer patente a los ojos qué clase de monstruo es el hombre enfurecido contra el hombre, con cuánta ceguedad se lanza tan funesto para sí mismo como para los demás, y sumergiendo aquello que no puede sumergirse sino con el mismo que lo sumerge. ¡Cómo! ¿podemos llamar sensato al que, arrebatado por un torbellino, antes es empujado que no caminante, se hace esclavo de furioso delirio, y temiendo encargar a otros su venganza, la realiza por sí mismo; es cruel a la vez con la mano y el corazón, verdugo de los que más quiere, de aquellos cuya pérdida ha de llorar muy pronto? ¿Quién querría dar por auxiliar y compañera a la virtud esta pasión que destruye todo consejo, sin el cual nada hace la virtud? Las fuerzas que la fiebre despierta en el enfermo son falaces y pasajeras, y solamente sirven para aumentar el mal. No debes creer que pierdo el tiempo en discusiones inútiles, cuando repruebo la ira como si las opiniones de los hombres estuviesen divididas acerca de ella; puesto que hay un filósofo, y de los más ilustres, que le señala sus funciones, considerándola como útil auxiliar del valor en los combates, de la actividad en los negocios y de todo lo que reclama cierta energía en la ejecución. Para que nadie se engañe suponiendo que puede servir en algún momento, en algún punto, necesario es presentar desnuda esta rabia, loca y desenfrenada; necesario es devolverle todo su aparato, sus potros, sus cuerdas, sus calabozos, sus cruces, las hogueras que enciende alrededor de los cuerpos enterrados vivos, los ganchos para arrastrar los cadáveres, las cadenas de toda forma, los suplicios de toda especie, látigos para desgarrar, estigmas candentes, jaulas de rieras. En medio de estos instrumentos coloca la ira, lanzando roncos y siniestros rugidos y más espantosa aún que todos los elementos de sus torturas.

IV. Aunque se dudase de sus otros caracteres, es muy cierto que ninguna pasión tiene aspecto más horrible, como lo describimos en libros anteriores: áspero, acre; en tanto pálido por la repentina retirada de la sangre; en tanto rojo y como ensangrentado; acudiendo a la superficie todo calor y vida; hinchadas las venas; los ojos ora extraviados y convulsos, ora fijos y concentrados en una sola mirada. Añado a esto los dientes rechinando y buscando presa, no siendo otro su ruido que el que produce el jabalí al aguzarse los colmillos. Añade también los crujidos de las articulaciones cuando se retuerce las manos, las redobladas palpitaciones del corazón, la respiración anhelosa, los suspiros que brotan del fondo del pecho, la desordenada agitación del cuerpo; palabras entrecortadas, bruscas exclamaciones, los labios temblorosos y por momentos comprimidos, de los que brota como un silbido. A fe mía, que la fiera irritada por el hambre o por el dardo que queda clavado en cuerpo, tiene aspecto menos repugnante hasta cuando, en su agonía, alcanza al cazador con el último mordisco, que el hombre ardiendo en ira. ¿Te agradará ahora escuchar sus vociferaciones, sus amenazas, los acentos del alma torturada por ella? ¿No querrá cada cual huir de esta pasión cuando sepa lo que comienza por su propio suplicio? ¿No quieres que amoneste a aquellos que desde la cumbre del poder ejercitan la ira, viendo en ella una prueba de fuerza, que cuentan entre los mayores bienes de gran fortuna tener la venganza a sus órdenes, diciéndoles que no puede llamarse poderoso, ni siquiera libre, al hombre dominado por la ira? ¿No quieres que se lo diga a fin de que todos sean más vigilantes y observadores de sí mismos, cuando si los otros vicios son propios de las almas perversas, la ira se desliza hasta en el corazón de hombres ilustrados y en los más puros, hasta el punto de que algunos filósofos pretenden que la ira es indicio de sencillez, creyéndose vulgarmente mejores a los que están sujetos a ella?

V. «Pero ¿a dónde, dirás, nos lleva todo esto?». A que nadie se crea seguro de este vicio, que lleva a la violencia y crueldad, hasta a los caracteres tranquilos y apáticos. De la misma manera que el vigor del cuerpo y las precauciones mejor observadas no preservan de la peste, que indistintamente ataca a los débiles y a los fuertes, así también han de temer la ira los caracteres activos, como los fríos y moderados, a los que prepara tanta más vergüenza y peligro cuanto más los modifica. Pero como nuestro primer deber es evitar la ira, el segundo reprimirla y el tercero curarla en los demás, diré ante todo qué debemos hacer para no caer en ella; en seguida, cómo nos libraremos de su dominio, y últimamente cómo contendremos, cómo calmaremos al iracundo, cómo le devolveremos la tranquilidad. Conseguiremos no encolerizarnos si nos representamos más de una vez todos los vicios de la ira, si la apreciamos en su justo valor. Necesario es que la acusemos y condenemos; necesario es escudriñar todas sus deformidades y presentarlas a la luz, y para que aparezca tal como es, debemos compararla con las pasiones peores. La avaricia adquiere y amontona para que lo aproveche otra mejor que ella; la ira destruye, siendo muy pocos los que no han perdido algo por ella. Un amo violento obliga al esclavo a la fuga; otro a la muerte: ¿no pierde por la ira mucho más que vale lo que la provocó? La ira trae el luto a los padres, el divorcio a los esposos, el odio a los magistrados, a los candidatos el fracaso. Es mucho peor que la lujuria, porque ésta goza con sus propios placeres, aquélla con los sufrimientos ajenos. Sobrepuja a la envidia y a la malevolencia, porque ésta desea el mal, aquélla lo realiza; las primeras se complacen con las desgracias fortuitas, la segunda no espera los reveses de la fortuna; no se contenta con ver padecer al que odia, quiere hacerlo sufrir por sí misma. Nada hay más triste que las enemistades; la ira las provoca. Nada hay más funesto que la guerra; la ira de los grandes la origina; y hasta esas iras individuales y plebeyas no son otra cosa que guerras sin armas ni soldados. Además, aunque prescindamos de los daños que deben seguirla, de las asechanzas y perpetuas inquietudes que dan origen a mutuas luchas, la ira se castiga a sí misma al castigar, porque abdica la naturaleza humana. Esta nos invita al amor, aquélla al odio; la una ordena hacer el bien, la otra el mal. Añade que la ira, aunque pretenda proceder de muy alto y tenga cierto aspecto de grandeza, es sin embargo baja y pequeña; porque no hay nadie que no se crea superior a aquel por quien se cree despreciado. Pero el ánimo levantado que se aprecia en lo que vale, no venga la injuria porque no la siente. Así como las saetas rebotan sobre el cuerpo duro y los golpes descargados sobre masa sólida producen dolor en la mano que hiere, así también ninguna injuria causa impresión en el ánimo noble, sino que se rompe sobre aquello a que ataca. ¡Cuán hermoso es mostrarse impenetrable a todos los dardos, despreciando toda injuria, toda ofensa! Confesarla, es conceder que nos ha herido, y no es alma fuerte la que cede ante el ultraje. El que te ofende es más fuerte o más débil que tú: si es más débil, perdónale; si es más fuerte, perdónate.

VI. No hay señal más cierta de verdadera grandeza que la imparcialidad ante todo lo que pueda acontecer. La región del universo más elevada y mejor ordenada, la vecina a los astros, no amontona nubes, no estalla en tempestades, no rueda en torbellinos; está libre de todo huracán, siendo más abajo donde se forma el rayo. De la misma manera, el ánimo levantado, sereno siempre, colocado en esfera tranquila, sofoca en él todos los gérmenes de la ira, siendo ejemplo de moderación, de orden y majestad: nada de esto encontrarás en el iracundo. ¿Quién es el que entregado a su ofensa y furor no prescinde desde luego de todo comedimiento? ¿Quién en el ímpetu de su rabia y al caer sobre alguno no abandona todo pudor? ¿Quién, una vez irritado, recuerda el número y orden de sus deberes? ¿Quién sabe moderar su lengua, contener alguna parte de su cuerpo y dirigirse una vez suelta la rienda? Mucho nos aprovechará aquel saludable precepto de Demócrito: «Nos aseguraremos la tranquilidad si no emprendemos en particular ni en público negocios múltiples o superiores a nuestras fuerzas». El que reparte el día entre multitud de ocupaciones, nunca lo pasará tan felizmente que no encuentre una ofensa por parte de los hombres o de las cosas y que no lo impulse a la ira. El que circula por los barrios más populosos de la ciudad, necesariamente habrá de chocar con muchas personas, siendo arrojado al suelo aquí, detenido allá, salpicado de barro más lejos; y así también en la móvil actividad de agitada vida, encuéntranse muchos obstáculos y muchos contratiempos. Uno defrauda nuestras esperanzas, otro las aplaza, el tercero interrumpe sus frutos; los proyectos no siguen la dirección que se les da, porque a nadie le es tan favorable la fortuna que le complazca en todo lo que intenta. Síguese de esto que el que fracasa en alguna empresa, se impacienta contra los hombres y las cosas; por ligeras causas se irrita con las personas, con los negocios, acusa a los lugares, a la fortuna y a sí mismo. Así, pues, para que el alma esté tranquila, necesario es no agitarla ni fatigarla, lo repito, en el desempeño de múltiples negocios, importunos y superiores a nuestras fuerzas. Fácil es llevar al hombro carga ligera, y pasarla sin peligro de uno a otro; pero nos cuesta mucho trabajo soportar la que nos imponen manos extrañas: agobiados en seguida, la echamos sobre el primero que llega, y mientras permanecemos bajo la carga, su peso nos hace vacilar.

VII. Conviene que sepas que lo mismo sucede en los negocios civiles y domésticos. Los sencillos y expeditos marchan por sí mismos; los graves y superiores a nuestro alcance no se dejan alcanzar fácilmente; y si se llega a ellos, sobrecargan y arrastran al que los maneja, que creyendo haberles dominado, cae bajo ellos. Muchas veces se agota de esta manera la energía, cuando en vez de emprender cosas fáciles, se quiere encontrar fácil lo que se ha emprendido. Siempre que intentes algo, examina tus fuerzas, la naturaleza de tu proyecto y la de tus medios, porque el disgusto del fracaso te producirá despecho. El espíritu ardiente y el frío y sin elevación se diferencian en que el fracaso despierta la ira en el altivo, y la tristeza en el blando e inerte. Deben, pues, ser nuestras acciones ni mezquinas, ni temerarias, ni culpables; que nuestras esperanzas no vayan más allá de nuestro alcance: nada intentemos que, hasta después del triunfo, pueda asombrarnos haberlo conseguido.

VIII. Cuidemos mucho de no exponernos a una injuria que no podríamos soportar, Rodeémonos de personas amables y complacientes, y todo lo menos posible de ásperos y morosos. Adquiérense las costumbres de los que con frecuencia se trata, y así como se trasmiten por el contacto ciertas enfermedades del cuerpo, así también el alma comunica sus pasiones a los que están próximos. El beodo arrastra a sus comensales al amor del vino; la compañía de los libertinos blandea al fuerte y, si puede, al héroe; la avaricia infecta con su veneno a los que se le acercan. Por razón contraria, igual es la acción de las virtudes; dulcifican todo lo que tocan, y favorable clima, saludable aire no hicieron jamás tanto por la salud como el comercio con amigos mejores hizo por un alma vacilante. Comprenderás cuánto puede esta influencia si observas que las mismas fieras se domestican viviendo en nuestra compañía, y que el monstruo más agreste pierde todo su cruel instinto si por largo tiempo habita bajo el techo del hombre. Las asperezas se embotan y desaparecen poco a poco al rozamiento de las almas tranquilas. Además, no solo el ejemplo mejora al que vive entre los varones pacíficos, sino que no encuentra ocasión ninguna de ira, y no cede a su viciosa inclinación. Así, pues, deberá huir de todos aquellos que sabe han de irritar su irascibilidad. «Pero ¿quiénes son? preguntas». En todas partes se encuentran, y por causas distintas, producen igual efecto. El orgulloso te ofenderá con sus desprecios, el rico con sus altiveces, el impertinente con sus injurias, el envidioso con su malignidad, el disputador con sus contradicciones, el vanidoso con sus mentiras e hinchazón. No podrás soportar que te tema el suspicaz, que te venza el obstinado, que te deprima el fatuo. Elige personas sencillas, afables, morigeradas, que no irriten tu ira y la soporten; y mejor aún debes preferir índoles flexibles, humanitarias y suaves que no lleguen, sin embargo, a la adulación; porque la ira se ofende con excesivas lisonjas. Nuestro amigo era ciertamente varón bueno, pero demasiado propenso a la ira, recibiendo tan mal la adulación como la ofensa. Sabido es que el orador Celio era muy irascible. Dícese que una noche cenaba con un cliente suyo, hombre de rara paciencia; pero era muy difícil a éste, estando solo con el orador, evitar una discusión con él. Consideró, por tanto, que lo mejor sería aplaudir cuanto dijese, y desempeñar el papel de lisonjero. No pudiendo Celio soportar la aprobación, exclamó: «Hazme la contra, para que seamos dos». Pero aquel hombre que se encolerizaba porque no se irritaba el otro, se calmó en seguida careciendo de adversario. Si, pues, tenemos conciencia de nuestra irascibilidad, elijamos con preferencia amigos que se acomoden con nuestro carácter y conversación: verdad es que nos harán susceptibles, que nos harán adquirir la mala costumbre de no escuchar nada que contraríe nuestros caprichos, pero en cambio gozaremos la ventaja de otorgar a la pasión aplazamientos y descanso. El más áspero e indomable se dejará acariciar, y nada es rudo e intratable para la mano ligera. Cuantas veces se prolonga y agria una discusión, es necesario cortarla antes de que llegue a ser violenta. La disputa se alimenta de sí misma; una vez lanzada, nos empuja hacia adelante. Mas fácil es abstenerse de combatir que separarse de la lucha.

IX. El iracundo debe abstenerse también de estudios demasiado serios, o al menos no entregarse a ellos hasta la fatiga; no repartir el espíritu entra muchas cosas, sino dedicarle a las artes amenas. Deléitese con los versos y los fabulosos relatos de la historia; trátese con dulzura y cuidados. Pitágoras calmaba a los acordes de la lira las turbulencias de su alma. Nadie, por el contrario, ignora que el clarín y la trompeta excitan, mientras que ciertos cánticos llevan tranquilidad al espíritu. El color verde conviene a los ojos débiles, y existen matices que dan descanso a la vista fatigada, en tanto que otros deslumbran con su brillo; así también los estudios agradables deleitan la mente enferma. Evitemos el foro, los pleitos, los tribunales y todo lo que puede enconar nuestro mal; huyamos también de la fatiga corporal, porque destruye todo lo que en nosotros hay de tranquilo y quieto, sublevando los humores acres. Así, pues, aquellos que no tienen seguridad de su estómago, antes de tratar algún negocio importante, templen con algún alimento su bilis, que el cansancio hace fermentar en seguida, sea porque la dieta reconcentre el calor, altere la sangre y detenga su curso en las venas debilitadas, sea porque la extenuación y debilidad del cuerpo embote el ánimo. Sin duda por esta razón los muy trabajados por los años o las enfermedades son más irascibles. Por las mismas causas conviene evitar el hambre y la sed, que exasperan y enardecen los ánimos.

X. Viejo es el refrán «el cansado busca pendencia»: y puede aplicarse a todos los que se encuentran atormentados por el hambre, la sed o cualquier otro padecimiento. Porque así como se experimenta dolor al contacto más leve de la llaga, y hasta a la idea sola del contacto, así también se ofende de las cosas más pequeñas el espíritu enfermo: un saludo, una carta, una pregunta, a ser algunas veces motivo de porfía. No se toca una herida sin producir gemidos. Lo más conveniente es curarse desde los primeros síntomas del mal; para esto es necesario dejar a nuestras palabras la menor libertad posible, y contener los ímpetus. Fácil es sin duda dominar la pasión en el momento en que nace: la enfermedad tiene señales precursoras. Así como existen presagios que anuncia de antemano la tempestad y la lluvia, existen también ciertas señales para la ira, el amor y todas esas tempestades que agitan el alma. Los que padecen accesos de epilepsia sienten la proximidad del mal cuando el calor abandona las extremidades, cuando se extravía la vista, cuando se contraen los nervios, cuando se turba la memoria, cuando gira la cabeza. Así es que atacan al mal en su origen por medio de los preservativos ordinarios; oponen perfumes y medicinas a la misteriosa causa que les impulsa al vértigo; combaten con fomentos el frío y la rigidez; o bien, si la medicina es impotente, evitan la multitud y caen sin testigos. Conveniente es conocer la enfermedad que se padece y sofocarla antes de que se desarrolle su fuerza: investiguemos cuáles sean las causas que nos irritan más. Aquél se irrita por una palabra ultrajante, el otro por acción; uno quiere que se respete su nobleza, otro su hermosura; éste desea pasar por elegante, aquél por sabio; uno se subleva contra el orgullo, otro contra la resistencia; quién no cree digno de su ira al esclavo, quién cruel en su casa, es sumamente afable fuera de ella; solicitar, lo considera uno envidia; no solicitar, lo considera otro desprecio. No son todos vulnerables por el mi lado.

XI. Conveniente es pues que conozcas tu punto débil para protegerlo más que los otros. No es bueno verlo todo, oírlo todo; que pasen inadvertidas muchas injurias: ignorarlas equivale a no recibirlas. ¿No quieres ser iracundo? no seas curioso. El que averigua todo lo que se dice de él, el que va a desenterrar las palabras malévolas, hasta las más secretas, se persigue a sí mismo. Frecuentemente lleva la interpretación a ver injurias imaginarias. Cosas hay que conviene aplazar, otras que deben despreciarse, y muchas que hay que perdonar. Por todos los medios debe restringirse la ira, y las más veces pueden convertirse las cosas en risa y broma. Refiérese de Sócrates que habiendo recibido un bofetón se limitó a decir: «Que era cosa molesta ignorar cuándo debía salirse con casco». No importa cómo se ha hecho la injuria, lo importante es la manera con que se ha recibido. Ahora bien; no veo por qué ha de ser difícil la moderación cuando veo tiranos envanecidos con su fortuna y su poder, reprimir su violencia habitual. He aquí lo que se refiere de Pisistrato, tirano de Atenas: Un comensal suyo, dominado por la embriaguez, prorrumpió en denuestos contra su crueldad; no carecía el tirano de amigos complacientes dispuestos a ayudarlo, y quiénes por un lado, quiénes por otro, le excitaban a la venganza; pero él, soportando la injuria con tranquilidad, contestó a los provocadores: «Que no estaba más conmovido que si alguien hubiese tropezado con él llevando los ojos vendados». La mayor parte se forman por sí mismos ofensas, por falsas sospechas o exagerando cosas leves.

XII. Algunas veces nos asalta la ira; con más frecuencia salimos nosotros a su encuentro; pero lejos de, provocarla nunca, debemos rechazarla cuando se presenta. Nadie se dice: Esto por que me irrito lo he hecho o he podido hacerlo. Nadie juzga la intención, sino el acto solo y, sin embargo, es necesario tenerla en cuenta y apreciar si ha mediado voluntariedad o accidente, coacción o error, odio o interés: ¿siguieron el propio impulso o ayudaron la pasión de otro? Debe tenerse consideración a la edad y posición del delincuente, con objeto de aprender a tolerar por humanidad y a sufrir por humildad. Pongámonos en el lugar de aquel contra quien nos irritamos; algunas veces nos hace iracundos falsa apreciación de nosotros mismos, y no podemos soportar lo que quisiéramos hacer. Nadie quiere imponerse aplazamientos; y, sin embargo, el remedio más eficaz de la ira es el tiempo, que enfría su primer ardor y disipa o al menos esclarece la nube que oscurece el ánimo. No diré que basta un día, sino una hora, para dulcificar esos arrebatos que arrastran, o para dominarlos por completo. Si nada se consigue con el aplazamiento, al menos se aprenderá a ceder a la reflexión y no a la ira. Deja al tiempo todo aquello que quieras apreciar bien, porque nada se ve con claridad en la primera agitación. Irritado Platón contra su esclavo, no puede aplazar la ira; mándale despojarse en el acto de la túnica y presentar la espalda a las varas, disponiéndose a golpearlo con su propia mano. Observando, sin embargo, que estaba encolerizado, permanecía con el brazo alzado en la actitud del que va a descargar el golpe. Un amigo que casualmente llegó, le preguntó qué hacía. «Castigo, contestó, a un hombre iracundo». Como estupefacto, permanecía en la actitud del hombre que va a castigar, actitud tan impropia del sabio, habiendo olvidado ya al esclavo porque había encontrado otro a quien debía castigar antes. Renunció, pues, a sus derechos de amo, y sintiéndose muy conmovido por falta tan ligera: «Ruégote, oh Speusippo, dijo, que castigues a ese mal esclavo, porque yo estoy encolerizado», absteniéndose de azotar por la razón misma que otro hubiese azotado. «Estoy irritado, dijo; haría más de lo necesario, lo haría con pasión: que este esclavo no caiga bajo las manos de un amo que no es dueño de sí mismo». ¿Quién querría confiar su venganza a la ira cuando Platón se prohíbe este derecho? No te permitas nada mientras estés irritado: ¿por qué? porque querrías permitírtelo todo. Combate contigo mismo. Si no puedes vencer la ira, ella comienza a vencerte. Si permanece encerrada, si no se le da salida, deben ocultarse todas sus señales, y mantenerla, en cuanto sea posible, oculta y secreta.

XIII. Grandes esfuerzos nos costará esto. La ira pugna por brotar al exterior, inflamar los ojos y trastornar el semblante, haciéndose superior a nosotros desde el momento en que se la permite salir de nuestro interior. Sepúltesela en las profundidades del pecho; domínesela y no domine, o, mejor aún, inclinemos en sentido contrario todas sus señales exteriores. Que se dulcifique nuestro rostro, suavícese la voz y sea tranquilo nuestro paso; el interior se conformará poco a poco con el exterior. En Sócrates era señal de ira bajar la voz, encontrarse sobrio de palabras: conocíase entonces que se violentaba. Sus familiares lo conocían y se lo reprendían, no ofendiéndole aquellas censuras por una ira que estaba oculta. ¿No debía alegrarse de que todos conociesen una pasión, sin que nadie experimentase sus efectos? y los hubiesen experimentado de no conceder a sus amigos el derecho de censura que él tomaba sobre ellos. ¿No debemos hacer nosotros lo mismo con mayor razón? Roguemos a nuestros mejores amigos que usen de toda libertad, especialmente cuando menos dispuestos estamos a soportarla; que no tengan tolerancias con nuestra ira, y, contra un mal poderoso que tiene siempre deleite para nosotros, invoquemos su auxilio mientras vemos aún y somos dueños do nosotros mismos.

XIV. Los que llevan mal el vino y temen las imprudencias y arrebatos de la embriaguez, encargan a sus criados que los retiren del banquete; los que han padecido por su intemperancia en las enfermedades, prohíben que se les obedezca cuando tienen alterada la salud. Lo mejor es oponer de antemano obstáculos a los vicios conocidos ,y, ante todo, disponer el ánimo de manera que, hasta en las conmociones más repentinas y violentas, no experimente ira, o que si recibe de improviso grave injuria, encierre en lo más profundo la pasión sublevada y la impida estallar. Verás que puede hacerse esto, si, entre considerable número de ejemplos, te cito alguno que te servirá para aprender dos cosas: primero, cuántos males encierra la ira cuando tiene por instrumento toda la fuerza de un poder ilimitado; segunda, cuánto puede dominarse cuando la comprime temor mayor. El rey Cambises era muy aficionado al vino: uno de sus favoritos, Prœxapes, le aconsejaba beber con moderación, haciéndole ver que la embriaguez era vergonzosa en un rey, que atraía la atención de todos los ojos y oídos. A esto contestó: «Para convencerte de que nunca pierdo la razón, y de que, hasta después de beber, mis ojos y mis manos desempeñan bien sus funciones, voy a darte una prueba». En seguida bebió más copiosamente y en copas más grandes que de ordinario; y cuando se encontraba ya repleto y vacilante, mandó al hijo de su censor que se colocase en la puerta de la sala, de pie y con la mano izquierda sobre la cabeza. En seguida preparó el arco y atravesó (como había anunciado de antemano) el pecho del joven; abriéndole después el pecho, mostró el dardo clavado en medio del corazón, y mirando al padre: «¿He tenido nunca más segura la mano?» preguntó. Este aseguró que Apolo no hubiese apuntado mejor. ¡Maldigan los Dioses a aquel hombre, más esclavo por el alma que por la condición! Alabó lo que ya era demasiado haber presenciado: encontró ocasión de adulaciones en aquel pecho partido de un hijo, en aquel corazón palpitando bajo el hierro. Debía haberle disputado la gloria y comenzado de nuevo la prueba, para que el Rey hubiese podido mostrar mano más segura aún sobre el padre. ¡Oh, Rey cruel, verdaderamente digno de que las flechas de todos sus súbditos se tornasen contra él! Pero excusando al que terminaba sus orgías con suplicios y asesinatos, convengamos en que mayor crimen fue alabar aquel dardo que lanzarlo. No investigaremos cuál debió ser la conducta del padre ante el cadáver de su hijo, en presencia de aquel asesinato del que fue testigo y causa: demostrado queda lo que tratamos ahora, esto es, que pude sofocarse una ira. Aquel padre no profirió ni una injuria contra el Rey, ni una palabra de las que arranca la desgracia, cuando tenía el corazón traspasado por la misma flecha que el de su hijo. Podrá sostenerse que tuvo razón para devorar sus palabras; porque de decir algo como hombre ultrajado, nada hubiera podido hacer después como padre. Podrá parecer, repito, que obró con más prudencia en este caso que cuando hablaba en contra de la embriaguez; porque mejor era dejar beber a aquel Rey vino que sangre: mientras tenía en la mano la copa daba tregua al crimen. Así es que Proexapes aumentará el número de aquellos que atestiguan con terribles desgracias cuánto cuestan los buenos consejos los amigos de los reyes.

XV. No dudo que tal sería el consejo que dio Harpago a su señor y rey de los Persas. Ofendido éste, le hizo servir a la mesa la carne de sus hijos, preguntándole más de una vez si le agradaba el condimento. Después, cuando le vio saciado de aquella vianda de dolor, hizo presentarle las cabezas, y le preguntó si estaba contento del agasajo. El desgraciado no perdió la palabra, no cerró la boca: «En la mesa de un re, dijo, too manjar es agradable». ¿Qué ganó con esta adulación? Que no lo invitase a comer los restos. No niego a un padre que condene la acción de su rey, no le niego que busque la venganza que merece tan atroz monstruosidad; pero entre tanto deduzco que puede dominarse una ira que nace de espantosa desgracia y obligarla a tener lenguaje contrario a su naturaleza. Si es necesario dominar el resentimiento, lo es especialmente a los cortesanos y a aquellos que se sientan a la mesa de los reyes. Así es como se come con ellos, así es como se bebe, así es como se responde: necesario es reír en los propios funerales. ¿Debe pagarse tan cara la vida? Lo veremos; esta es otra cuestión. No llevaremos consuelos a calabozo tan triste: no les exhortaremos a soportar los mandatos de sus verdugos: mostrarémosles, en toda servidumbre, un camino abierto a la libertad. Si el alma está enferma y padece por sus propios vicios, por sí misma puede terminar sus miserias. Diré al que cae en manos de un tirano, cuyas saetas apuntan al corazón de sus amigos; a aquel, cuyo señor alimenta a los padres con las entrañas de sus hijos: ¿por qué gimes, insensato, por qué esperas a que un enemigo acuda a vengarte con la ruina de tu país, o a que llegue poderoso rey de lejanas comarcas? A cualquier parte que mires encontrarás fin a tus males. ¿Ves aquel precipicio? por allí se baja a la libertad. ¿Ves esa mar, ese río, ese pozo? en el fondo de sus aguas tiene asiento la libertad. ¿Ves aquel árbol pequeño, retorcido, siniestro? en él está suspendida la libertad. ¿Ves tu cuello, tu garganta, tu corazón? salidas son para huir de la esclavitud. Pero te mostramos caminos demasiado penosos, y que exigen mucho valor y fuerza. ¿Buscas fácil vía a la libertad? en cada vena de tu cuerpo la tienes.

XVI. Aunque no encontramos nada tan intolerable que nos haga repudiar la existencia, en cualquier estado en que nos encontremos, rechacemos la ira. Perniciosa es para los que obedecen, porque la indignación aumenta los tormentos, y los mandatos son tanto más pesados, cuanto con mayor impaciencia se les soporta. Así es que la fiera que lucha, aprieta el lazo, el pájaro que se remueve y agita, se extiende el visco por las plumas. No hay yugo tan estrecho que no hiera menos al que lo arrastra que al que lo rechaza. El único alivio para los grandes males, es la paciencia y sumisión a las necesidades. Pero si es útil a los que obedecen contener sus pasiones, y especialmente, esta tan furiosa y desenfrenada, más útil es todavía a los reyes. Todo está perdido cuando la fortuna permite realizar lo que aconseja la ira; y el poder que se ejerce en detrimento de considerable número, no puede durar mucho, y peligra en cuanto el terror común reúne a aquellos que separadamente sufrían. Muchos tiranos han perecido, ora a manos de un hombre solo, ora a las de un pueblo entero, al que el dolor público obligaba a hacerse un arma de todas las iras. ¡Y cuántos, sin embargo, han usado de la ira, como privilegio de su poder! Testigo es Darío, que una vez derribado Mago, fue el primer llamado al trono de Persia y de mucha parte del Oriente. Como hubiese declarado la guerra a los Scitas, que lo estrechaban por el lado oriental, el noble anciano OEbazo le suplicó le dejase uno de sus tres hilos para consuelo de su paternidad, y se quedase con los otros dos a su servicio. Prometiendo el Rey más de lo que se le pedía, contestó que se los enviaría, y haciéndoles matar delante de su padre, se los entregó: ¡muy cruel habría sido si se los hubiese llevado!

XVII. ¿Fue más clemente Xerxes? Pythio, padre de cinco hijos, le pidió la exención de uno de ellos, y le permitió elegir el que quisiese; después hizo partir por medio al elegido, colocando cada mitad en un lado del camino, siendo esta la víctima lustral del ejército. Por esto tuvo la suerte que merecía: vencido y agobiado por todos lados, vio desaparecer los restos de su poder, y volvió por en medio de los cadáveres de los suyos. Esta ferocidad en la ira es propia de los reyes bárbaros, en quienes no ha penetrado instrucción ni cultura literaria. Pero te presentaré, saliendo de las manos de Aristóteles, a Alejandro, que mata con su propia mano, en medio del festín, a su querido Clito, compañero suyo de la infancia, que se mostraba poco dispuesto a adularle y a pasar de la libertad macedoniana a la esclavitud persa. Lysimaco, que le era igualmente querido, fue expuesto a la ferocidad de un león. ¿Y acaso este Lysimaco, que por tan rara fortuna escapó de las mandíbulas del león, fue más benigno cuando llegó a reinar? Mutiló a su amigo Telesforo de Rodas, haciéndole cortar la nariz y las orejas, guardándole por mucho tiempo en una jaula como a animal nuevo y extraordinario: aquel rostro destruido, deforme, nada tenía del aspecto humano. Añade a esto los tormentos del hambre y la repugnante suciedad de aquel cuerpo, que se arrastraba sobre su propio excremento, con las rodillas y las callosas manos que lo estrecho de la prisión convertía en pies; los costados llenos de llagas por el roce; espectáculo espantoso y terrible a la vista. El suplicio había hecho de aquel hombre un monstruo que repelía hasta la compasión; sin embargo, por desemejante que fuese del hombre el que tales penas padecía, más desemejante aún era el que las mandaba.

XVIII. ¡Ojalá que tales ejemplos solamente se encontrasen entre extranjeros, y que su crueldad no hubiese trascendido a las costumbres romanas, con la barbarie de los suplicios y de las venganzas! A M. Mario, a quien el pueblo había alzado en todas las encrucijadas estatuas a las que se dirigían plegarias con libaciones e incienso, L. Sila mandó romperle las piernas, sacarle los ojos, cortarle las manos, y, como si hubiese de sufrir tantas muertes como heridas, fue desgarrado lentamente por todas las articulaciones. ¿Quién era el ejecutor de estas órdenes? ¿quién sino Catilina, que ejercitaba ya la mano en todos los crímenes? Este mismo despedazaba a Mario ante la tumba de Q. Catulo, ultrajando así en sus cenizas al hombre más afable, y sobre aquellas cenizas cayó gota a gota la sangre de un hombre de funesto ejemplo, pero popular, y que antes fue demasiado querido que indigno de serlo. Sin duda merecía Mario aquel suplicio, Sila mandarlo y Catilina ejecutarlo; pero la República no merecía que le clavasen la espada en el pecho sus enemigos y sus vengadores a la vez. Mas ¿por qué buscar ejemplos antiguos? En otro tiempo mandó C. César, en el mismo día, azotar a Sexto Papinio, hijo de varón consular, a Betilieno Basso, cuestor suyo e hijo de su intendente, y a otros muchos, caballeros romanos o senadores, sometiéndoles después a la tortura, no para interrogarles, sino para divertirse. En seguida, impaciente por todo lo que aplazaba sus placeres, que las exigencias de su crueldad pedían sin tregua, paseando entre las alamedas del jardín de su madre, que se extiende entre el pórtico y la ribera, hizo llevar algunas víctimas de aquellas con matronas y otros senadores, para decapitarles a la luz de las antorchas. ¿Quién le instaba? ¿de qué peligro público o privado lo amenazaba una sola noche? ¿qué le importaba, en fin, esperar la luz para no matar con sandalias a los senadores del pueblo romano?

XIX. Conveniente es a nuestro propósito dar a conocer cuánta fue la insolencia de su crueldad, aunque parezca tal vez que nos extraviamos y separarnos en digresiones; pero estas locuras de la soberbia dependen de la ira cuando se desencadena desenfrenadamente. Al verlo entregar al látigo los senadores, podía decirse con él: Suele hacerse: había agotado para los suplicios todos los tremendos recursos de la tortura, cuerdas, borceguíes, fuego, su propia cara. Y en este punto se me contestará: ¡Qué cosa tan grande hacer pasar bajo el látigo y entre las llamas, como malvados esclavos, a tres senadores, cuando meditaba degollar a todo el Senado, cuando deseaba que el pueblo romano no tuviese más que una cabeza, para poder consumar en un solo día y de un solo golpe todos los crímenes que había multiplicado en tantas veces y en tantos parajes! ¿Qué cosa más inaudita que un suplicio nocturno? el ladrón se oculta en las tinieblas para cometer su delito; pero el castigo legal, cuanto más público sea, mejor sirve para ejemplo y represión. También se me contestará aquí: Esos excesos que tanto te sorprenden son la ocupación diaria de ese monstruo: para eso vive, para eso despierta, para eso medita durante la noche. Verdad es que no se encontrará ningún otro que haga tapar con una esponja la boca de aquellos a quienes hacía ejecutar, para que no pudiesen emitir la voz. ¿A quién se prohibió gemir al acercarse a la muerte? Temía sin duela que los supremos dolores arrancasen alguna palabra demasiado libre; temía escuchar lo que no quería; no ignoraba que existían muchas cosas que solamente un moribundo se hubiese atrevido a censurarle. Cuando no se encontraba esponja, mandaba rasgar las ropas de aquellos desgraciados y taparles la boca con los jirones. ¿A qué este refinamiento de crueldad? que al menos sea permitido lanzar el último suspiro: da salida al alma; que pueda escapar por otro camino que las heridas.

XX. Demasiado largo sería añadir que aquella misma noche fueron muertos los padres de las víctimas por mano de centuriones mandados a las casas: indudablemente aquel hombre tan compasivo quería librarles del dolor. Pero no me he propuesto descubrir la crueldad de Cayo, sino los males de la ira, que no se desencadena solamente contra los individuos, sino que desgarra naciones enteras y cae sobre las ciudades, los ríos; y los objetos destituidos de todo sentimiento de dolor. Así, pues, un rey de Persia hace cortar la nariz a todo un pueblo de la Siria; de aquí el nombre de *Rhinocolura* que se dio a aquella comarca. ¿Crees que fue indulgente por no haber cortado otras tantas cabezas? deleitose con nuevo género de suplicio. Cosa parecida amenazaba a los Etiopes, por cuya longevidad se les llamó Macrebios. Porque no presentaron humildemente la cerviz a la esclavitud; porque contestaron a sus legados con libertad que los reyes llaman insolencia, Cambises avanzaba enfurecido contra ellos; pero sin provisiones, sin haber hecho reconocer los caminos, arrastraba consigo, por ásperas soledades, todo el material de guerra: desde la primera jornada careció de lo necesario, sin encontrar recurso alguno en aquella región estéril, inculta y jamás hollada por la humana planta: primeramente combatieron el hambre con las hojas tiernas y retoños de los árboles; en seguida con cuero blandeado al fuego y todo aquello que la necesidad convertía en alimento; más adelante, cuando en medio de las arenas faltaban también las hierbas y raíces y se descubrió inmensa soledad desprovista hasta de animales, los soldados se diezmaron para obtener alimentación más horrible que el hambre. La ira, sin embargo, impulsaba hacia adelante al Rey, hasta que, perdida una parte del ejército, comida otra, temió se le llamase también al sorteo: entonces dio al fin la señal de retirada. Durante este tiempo reservaban para él aves delicadas, y camellos llevaban todo el material de sus cocinas, mientras los soldados preguntaban a la suerte quién había de morir miserablemente y quién había de vivir peor aún.

XXI. Cambises se irritó contra un pueblo desconocido e inocente, pero digno; Ciro, contra un río. Cuando corría apresuradamente al cerco de Babilonia, porque en la guerra la oportunidad da el triunfo, quiso vadear el Gynden, desbordado entonces, cosa peligrosa hasta cuando el río, merced a los ardores del verano, se encuentra en su nivel más bajo. Arrastrado por la corriente uno de los blancos caballos que tiraban de la carroza real, indiguose profundamente Ciro, y juró que aquel río que arrastraba sus caballos quedaría reducido al punto de que las mujeres pudiesen atravesarlo y pasear en él. Trajo a aquel punto, en efecto, todo su material de guerra y puso a la obra a sus soldados, hasta que cada orilla quedó cortada por ciento ochenta canales, y desparramadas las aguas se dividieron por trescientos sesenta arroyos, dejando en seco el lecho del río. Perdió, pues, el tiempo, cosa muy grave en las grandes empresas; el ardor de los soldados, agotado con inútiles trabajos, y la ocasión de sorprender a gente desprevenida, mientras hacía al río la guerra declarada al enemigo.

XXII. Esta locura (¿cómo llamarla de otra manera?) se apoderó también de los Romanos. C. César destruyó cerca, de Herculano una quinta bellísima porque su madre estuvo presa en ella algún tiempo, eternizando por este medio aquel suceso; porque, mientras estuvo en pie, se pasaba junto a ella, y ahora se pregunta la causa de su ruina. Necesario es meditar en estos ejemplos para huir de ellos; y por el contrario, deben seguirse los de templanza Y moderación que dieron aquellos que no carecieron de motivos de ira ni de medios para vengarse. ¿Qué había, en efecto, más fácil para Antígono que mandar al suplicio dos soldados que, apoyados en la tienda real, hacían lo que los hombres hacen con mucho gusto, aunque con mucho peligro, murmurar de su rey? Antígono lo había oído todo, porque solamente le separaba de los murmuradores un lienzo, y moviéndolo ligeramente, les dijo: «Retiraos más lejos, no sea que os oiga el Rey». De la misma manera, durante una marcha nocturna, habiendo oído a algunos soldados maldecir al Rey porque les había hecho entrar en un camino cenagoso y difícil, acercose a los más apurados, y después do ayudarles a salir, sin darse a conocer: «Ahora, les dijo, maldecid a Antígono, que os ha traído a este mal paso; pero desead el bien para el que os ha sacado del lodazal». Con igual mansedumbre soportó las imprecaciones de sus enemigos que las de sus súbditos. En el sitio de no sé qué castillejo, confiando los Griegos que lo defendían en la resistencia de la fortaleza, insultaban a los sitiadores, burlándose de la fealdad de Antígono, de su corta estatura y de su aplastada nariz: «Me alegro, dijo; y algo bueno espero, teniendo a Sileno en mi campamento». Habiendo reducido a aquellos burlones por el hambre, he aquí cómo obró con los prisioneros: repartió entre las, cohortes a los que eran útiles para el servicio y a los demás los vendió en subasta; lo que dijo no hubiera hecho a no ser útil dar amo a gentes que tenían mala lengua. Nieto de este Rey fue Alejandro, que arrojaba su lanza contra sus convidados; que de los dos amigos que antes cité, entregó uno al furor de un león y el otro al suyo. De ellos, sin embargo, vivió el arrojado al león.

XXIII. No había heredado este vicio de su abuelo ni de su padre. Porque si existió en Philipo otra virtud, también tuvo la paciencia para soportar las injurias, poderoso medio para proteger un reino. Demochares, llamado Parrhesiastes a causa de la excesiva intemperancia de su lengua, vino a él con otros legados atenienses. Philipo, después de escucharles con benevolencia: «Decidme, añadió, qué puedo hacer que sea grato a los Atenienses. -Ahorcarte». contestó Demochares. Estalló la indignación de los presentes al escuchar tan brutal contestación, y calmándoles Philipo, mandó que se dejase marchar a. aquel Thersita sano y salvo. «En cuanto a vosotros, dijo a los demás legados, decid a los Atenienses que son mucho más soberbios los que tales cosas dicen que los que las oyen sin castigarlas». Muchas cosas dijo e hizo el divino Augusto que merecen ser referidas, y que demuestran que la ira no imperaba en él. El historiador Timogenes había dicho del Emperador, de su esposa y de su familia cosas que no quedaron perdidas, porque el chiste las hace circular más y las pone en todas las bocas. Frecuentemente le amonestó el César para que fuese más moderado en su lenguaje, y como persistiera, le negó la entrada en palacio. Desde entonces pasó Timogenes su vejez en casa de Asinio Polión, y toda la ciudad se lo disputaba. La expulsión del palacio del César no le cerró ninguna puerta. Más adelante recitó y quemó las historias que había escrito, y entregó al fuego los libros que contenían los anales de César Augusto. Enemigo era del César y nadie temió su amistad; nadie de alejó de él como de hombre herido por el rayo, encontrando, quien le abriese los brazos cuando caía de tan alto. César, como he dicho, lo soportaba con paciencia, y no se conmovió porque hubiese destruido los anales de su gloria y de sus bellas acciones. Jamás censuró al que hospedaba a su enemigo, y solamente dijo una vez a Asinio Polión: «». Como éste se preparaba a excusarse, se le adelantó diciéndole: «Goza, querido Polión, goza de tu hospitalidad». Y cuando Polión replicó: «Si lo mandas, César, lo expulsaré de mi casa. -¿Crees que haré eso, dijo, cuando soy yo quien os ha reconciliado?» Polión había estado algún tiempo disgustado con Timogenes y no tuvo otra causa para desistir de su resentimiento que el haber comenzado el de César.

XXIV. Dígase cada cual siempre que se le ofende:¿Soy yo más poderoso que Philipo? Sin embargo, se le ultrajó impunemente. ¿Puedo yo más en mi casa que el divino Augusto en el mundo entero? Se contentó, sin embargo, con separarse de su detractor. ¡Cómo! ¿castigaré con el látigo y el hierro la respuesta demasiado atrevida de un esclavo, su aspecto hosco o su murmullo que no llega hasta mí?¿Quién soy yo para que sea delito ofender mis oídos? Muchos han perdonado a sus enemigos, ¿y yo no perdonaré a un esclavo perezoso, negligente o hablador? Excúsese el niño con su edad, con su sexo la mujer, con su libertad el extranjero y el criado con la familiaridad. ¿Acaso es la primera vez que nos desagrada? recordemos cuántas nos ha complacido. ¿Nos ha ofendido muchas veces? soportemos lo que hemos soportado tanto tiempo. ¿Es un amigo quien nos ofende? ha hecho lo que no quería. ¿Es un enemigo? ha hecho lo que debía. Cedamos al prudente, perdonemos al insensato, y digámonos en cuanto a todos: hasta los varones más sabios caen en multitud de faltas; que no hay nadie tan circunspecto que no olvide alguna vez su cuidado, nadie tan sensato que no abandone alguna vez su gravedad en la viveza de algún arrebato, nadie tan precavido contra el ultraje que no incurra en el defecto que quiere evitar.

XXV. Así como el hombre vulgar encuentra en el derrumbamiento de la fortuna de los grandes consuelo a sus males, y llora con menos amargura en un rincón la muerte de su hijo al ver dolorosos funerales que salen de un palacio, así también cada cual soportará con más resignación algunas ofensas, algunos desprecios al pensar que no hay poder, por grande que sea, que se encuentre al abrigo de injurias. Y si los más prudentes delinquen, ¿qué error carece de legitima excusa? Recordemos cuántas veces se mostró nuestra juventud poco celosa de sus deberes, poco cauta en sus palabras, poco sobria en el vino. Se ha irritado uno: démosle tiempo para reconocer lo que ha hecho, él mismo se corregirá. Impondrase castigo; no hay razón para que nosotros hagamos lo mismo que él. Es indudable que el que desprecia los ataques que arrancan de la multitud se coloca más alto que ella: propio es de la verdadera grandeza no sentirse herida. Así es que la fiera poderosa se vuelve lentamente al ladrido de los perros; así también el fuerte peñasco desafía el asalto de la impotente ola. El que no se irrita, queda inaccesible a la injuria, el que se irrita se quebranta. Pero el que acabo de presentar como superior a todos los ataques tiene como abrazado el soberano bien, y responde no solamente al hombre, sino que también a la fortuna. Por mucho que hagas, eres demasiado débil para turbar mi serenidad. La razón, a la que he entregado la dirección de mi -vida, me lo prohibe: la ira me perjudicaría más que la injuria. Conozco los límites de la una, pero ignoro hasta dónde me arrastrarla la otra.

XXVI. «No puedo sufrirla, dices; es muy difícil soportar la injuria». Mientes, porque ¿qué hombre no puede soportar la injuria si puede soportar la ira? Añade también que al obrar de esa manera soportas la ira y la injuria. ¿Por qué soportas los arrebatos del enfermo y las palabras del demente? ¿Por qué los golpes del niño? Porque te parece que no saben lo que hacen. ¿Qué importa cuál sea la enfermedad que hace desvariar? La demencia es excusa igual para todos. «¡Cómo! dices, ¿quedará impune el que injuria?» Considera que así lo quieres, y, sin embargo, no sucederá así. El mayor castigo del mal es haberlo cometido; y la pena más rigurosa es quedar entregado al arrepentimiento. Finalmente, necesario es considerar la condición de las cosas humanas para que seamos jueces equitativos en todos los accidentes. No se tiene en cuenta el color negro entre los Etíopes, ni entre los Germanos roja cabellera atada en nudo. Cada cual es según su propia naturaleza. Nunca encontrarás extraño o repugnante en un hombre lo que es común a toda su nación. Ahora bien, cada ejemplo de estos solamente significa la costumbre de una región o de un ángulo de la tierra: considera ahora si la indulgencia será más justa tratándose de vicios extendidos por todo el género humano. Todos somos inconsiderados e imprevisores, irresolutos, susceptibles, ambiciosos: ¿a qué ocultar con palabras suaves la llaga pública? Todos somos malos. Así, pues, cada cual encuentra en su propio corazón aquello mismo que reprende en otro. ¿Por qué notas la palidez de éste, el enflaquecimiento de aquél? La epidemia está en todos. Seamos, pues, más tolerantes recíprocamente: malos, vivimos entre malos. Una sola cosa puede devolvernos la tranquilidad: el convenio de nuestra tolerancia. Aquel me ha ofendido; no le he devuelto la ofensa; pero tal vez habrás ofendido ya a otro o le ofenderás.

XXVII. No te juzgues por una hora o un día; considera la disposición habitual de tu ánimo: aunque no hayas hecho ningún mal, puedes hacerlo. ¿No es mejor curar la injuria que vengarla? La venganza absorbe mucho tiempo y nos expone a multitud de ofensas por una sola que nos molesta. En todos dura más la ira que la injuria: ¿no es mejor seguir otro camino y no oponer vicios a vicios? ¿Te parecería en sano juicio el que devolviese la coz al mulo o el mordisco al perro? «Pero esos animales, dices, no saben que obran mal». En primer lugar, es muy injusto aquel para quien el nombre de hombre excluye la indulgencia: además, si los otros animales escapan de tu ira porque son irracionales, debes colocar en la misma línea a todo aquel que carece de razón. ¿Qué importa que se diferencie en todo lo demás de los animales irracionales, si se les parece en aquello que hace excusemos sus faltas, en la ceguedad de la mente? Ha ofendido: ¿es la primera vez? ¿es la última? No debes creerle aunque diga: No lo haré más. Ofenderá otra vez y otro le ofenderá a él, y toda la vida girará entre errores. Hemos de tratar mansamente a lo que es intratable. Lo que se acostumbra decir en medio del dolor, puede decirse con mucha eficacia en la ira: ¿Cesará alguna vez o nunca? Si ha de cesar, ¿no es mejor abandonar la ira que ser abandonado por ella? Si ha de durar siempre, ¡contempla qué vida tan borrascosa te preparas! ¡qué henchido de hiel habrás de estar!

XXVIII. Añade también que, si tú mismo no enciendes tu ira y renuevas sin cesar los estímulos que deben alimentarla, se extinguirá por sí misma y diariamente perderá fuerzas: ¿y no será mucho mejor que caiga vencida por ti, que vencida por sí misma? Te irritas contra éste, después contra aquél, contra tus esclavos, contra tus libertos, contra tus padres, contra tus hijos, contra conocidos, contra desconocidos; y por todas partes abundan motivos si el buen juicio no interviene. El furor te arrastrará de aquí para allá, y más lejos aún, y como a cada paso surgirán nuevos estímulos, la rabia no te abandonará. ¡Vamos, desgraciado! ¿cuándo amarás? ¡Oh, qué hermoso tiempo pierdes en cosas malas! ¿Cuánto más dulce sería hacerse amigos desde luego, calmar enemigos, servir a la república, dedicar los cuidados a los asuntos domésticos, antes que ir buscando por todas partes el daño que puedes hacer a alguno para ofenderle en su dignidad, en su patrimonio o en su persona, cuando no puedes conseguirlo sin combate ni peligro, aunque luchases con un inferior? Supón que te lo presentan atado y entregado a tu arbitrio para que le atormentes; con frecuencia el que descarga violentos golpes se desarticula el brazo, o se rasga la mano con los dientes que rompe. La ira ha hecho muchos mancos, muchos enfermos, hasta cuando ha encontrado materia pasiva. Además, no hay ser tan débil al que pueda destruirse sin peligro: el dolor o la casualidad hace a las veces al más débil igual al más fuerte. Y también la mayor parte de las cosas porque nos irritamos, antes nos contrarían que nos ofenden; y media mucha diferencia entre oponerse a nuestra voluntad y no servirla, entre arrancarnos algo y no dárnoslo: sin embargo, colocamos en la misma línea al que toma y al que rehúsa, al que destruye nuestras esperanzas y al que las aplaza, al que obra contra nosotros o en provecho propio, al que ama a otro y al que nos odia. Y muchos, en verdad, tienen motivos, no solamente justos, sino que también honestos, para oponérsenos. Uno defiende a su padre, otro a su hermano, éste a su tío, aquél a su amigo; y, sin embargo, no les perdonamos que lo hagan; les censuraríamos que no lo hicieran; o más bien, lo que es increíble, alabamos el hecho y censuramos al que lo realiza.

XXIX. Y ¡a fe mía! el varón grande y justo admira hasta entre sus enemigos a aquel cuyo valor se obstina en defender la salvación y libertad de la patria: querría tenerle como conciudadano, como soldado. Cosa torpe es odiar al que se estima; ¡cuánto más torpe es odiarlo por lo mismo que merece nuestra indulgencia; si prisionero y reducido repentinamente a la esclavitud, conserva todavía algunos restos de su libertad, y no acude como presuroso a los oficios más sórdidos y viles; si debilitado por la ociosidad no puede seguir la carrera del caballo o la carroza de su señor; si fatigado por continuas vigilias cede al sueño; si rehúsa los trabajos rústicos o los desempeña con languidez, obligado a cambiar la suave servidumbre urbana por tareas tan rudas! Distingamos la impotencia de la mala voluntad, y perdonaremos con mucha frecuencia si examinamos antes de irritarnos, Pero cedemos al primer impulso; en seguida, a pesar de la puerilidad de nuestros arrebatos, insistimos en ellos para que no parezca que nos irritamos sin razón, y lo más injusto de todo es que la injusticia de la ira la hace más obstinada. Retenémosla y la aumentamos como si su exceso fuese prueba de su justicia. ¡Cuánto mejor sería considerar las primeras causas en toda su ligereza e insignificancia! Lo que observas en los animales ves que acontece en el hombre: pertúrbale una frivolidad, una sombra.

XXX. El color rojo excita al toro; el áspid se levanta delante de una sombra; un lienzo blanco alarma a los osos y leones. Todo lo que es naturalmente cruel e irritable se espanta por cosas vanas. Lo mismo acontece con los espíritus inquietos y débiles: alármanse por sospecha de las cosas, y hasta tal punto, que muchas veces consideran injurias favores ligeros, que vienen a ser fecunda y amarga fuente de su ira. Irritámonos contra nuestros mejores amigos porque han hecho por nosotros menos de lo que habíamos imaginado, menos que recibieron otros; cuando en ambos casos es otro el remedio. ¿Concedió más a otro? gocemos de lo que tenemos sin hacer comparaciones: nunca será feliz el que desea felicidad mayor. Tengo menos de lo que esperaba, pero tal vez esperaba más de lo que debía. Mucho debe temerse esto: de aquí nacen las iras más peligrosas, que atacan a lo más santo. Para matar al divino Julio concurrieron menos enemigos que amigos, cuyas insaciables esperanzas no había satisfecho. Así lo quiso, sin duda, porque nadie usó jamás tan generosamente de la victoria, de la que no se reservó otra cosa que el derecho de repartir sus frutos: ¿y cómo atender a tantas pretensiones inmoderadas, cuando cada uno pedía para si todo lo que uno solo podía dar? Por esto vio brillar en derredor de su silla las espadas de sus compañeros de armas, y a su frente Tulio Cimber, acérrimo partidario suyo poco antes, y otros muchos que se hicieron Pompeyanos después de la muerte de Pompeyo.

XXXI. Esto mismo es lo que ha vuelto las armas de los súbditos contra los reyes, lo que ha impulsado a los más fieles a tramar la muerte de aquellos por los cuales y ante los cuales habían jurado morir. Nadie está contento de su fortuna cuando contempla la de los otros. De aquí que nos irritemos hasta contra los dioses, porque otro nos adelanta, olvidando cuantos quedan a nuestra espalda y envidiando a unos pocos la envidia que llevan detrás. Tal es, sin embargo, la exigencia de los hombres; aunque hayan recibido mucho, tienen por injuria haber podido recibir más. ¿Me dio la pretura? esperaba el consulado. ¿Me dio los doce haces? pero no me hizo cónsul ordinario. ¿Quiso que el año llevase mi nombre? pero me faltó para el sacerdocio. ¿Se me admitió en un colegio de pontífices? ¿y por qué en uno solo? ¿Me llevó a la cumbre de la grandeza? pero no aumentó mi patrimonio. Me dio lo que había de dar a alguno; de lo suyo no me dio nada. Pero más bien has de darle gracias por lo recibido; espera lo demás, y regocíjate por no encontrarte repleto aún. Felicidad es aún todavía queda algo que esperar. ¿Los has vencido a todos? alégrate de ocupar el primer puesto en el corazón de tu amigo. ¿Te vencen muchos? considera cuanto más numerosos son los que te siguen que los que te preceden.

XXXII. ¿Preguntas cuál es tu error más grande? formas malos cálculos: estimas en mucho lo que das y en poco lo que recibes. Procuremos no obrar con el uno como con el otro: contengamos la ira delante de éste por temor, delante de aquél por reserva, delante del otro por desdén. ¡Gran, cosa haríamos sin duda arrojando a un calabozo a un desgraciado esclavo! ¿Por qué hemos de apresurarnos a azotarle en el acto, a romperle desde luego las piernas? No perderás tu derecho por aplazar su ejercicio. Deja que llegue la hora en que mandarás por ti mismo, porque ahora hablas bajo el imperio de la ira; cuando haya pasado veremos en cuánto estimas el delito: en esto nos engañamos principalmente: venimos al hierro, a las penas capitales; castigamos con las cadenas, la prisión, el hambre, una falta que apenas merecía ligero castigo. «¿Por qué, dices, nos mandas considerar cuán pueriles son, frívolas y miserables las cosas que tomamos por injurias?» Por mi parte, no puedo aconsejarte cosa mejor sino que te eleves a nobles sentimientos, y consideres en toda su humildad y abyección esas pequeñeces por las que nos quejamos, corremos, nos sofocamos y no merecen una mirada del alma elevada y generosa. El tumulto más grande se encuentra alrededor del dinero: éste es el que fatiga los foros, pone en lucha a los padres con los hijos, confecciona los venenos, entrega la espada tanto a los asesinos como a las legiones, y se encuentra siempre regado con sangre: por el dinero se convierten en ruidosos litigios las noches de los maridos y de las esposas, acude la multitud a los tribunales de los magistrados, los reyes se hacen crueles y rapaces, y destruyen ciudades levantadas por el largo trabajo de los siglos, para registrar sus cenizas en busca de oro y de plata.

XXXIII. Contempla esos cestos colocados en un rincón. Por eso se grita hasta hacer salir los ojos de la cabeza, resuenan en nuestras basílicas los estremecimientos del litigio, y nuestros jueces, llamados de lejanas regiones, se sientan para decidir por qué lado tiene más derechos la avaricia. ¿Qué diré, si no ya por un cesto de dinero, sino por un puñado de cobre, por un cuadrante que falte en la cuenta de un esclavo, un anciano moribundo y sin herederos enloquece de ira? ¿si por menos de una milésima parte de interés un usurero enfermo, cuyos pies y manos retorcidos por la gota le impiden comparecer, lanza clamores, y en medio de los accesos de la enfermedad, acelera por medio de sus agentes la cobranza de sus ases? Si reunieras todo el dinero, todos los metales que tan cuidadosamente guardamos; si sacases a la luz todos los tesoros que esconde la avaricia, cuando devuelve a la tierra lo que malamente sacó de ella, no creería que todo el montón mereciera un pliego en la frente del hombre de bien. ¡Con cuánta risa deberíamos recibir todo lo que nos arranca lágrimas!

XXXIV. Déjote ahora examinar las otras causas de la ira, la comida, la bebida, las rivalidades de ambición, trajes, palabras, censuras, los gestos pocos mesurados, las sospechas, las obstinaciones de una bestia de carga, la pereza de un esclavo, las interpretaciones maliciosas de las frases de otro que liarían considerar el don de la palabra entre las injurias de la naturaleza. Créeme: cosas tan ligeras son las que excitan graves arrebatos, como los que producen riñas y pendencias entre los niños. Entre todo lo que hacemos con tanta solemnidad, nada hay serio y grande. Por esta razón, repito que vuestra ira, vuestra locura nace de dar demasiada importancia a cosas muy pequeñas. Aquel quiso arrebatarme una herencia; aquel otro me acusa después de haberme adulado mucho tiempo esperando mi muerte; éste ha deseado mi concubina. Lo que debía ser lazo de amor, la identidad de voluntades es causa de discordias y de odios.

XXXV. Una vía estrecha produce riñas entre los transeúntes; en camino ancho y espacioso ni los pueblos se molestan. Esas cosas pequeñas que deseas no pudiendo pasar a uno sin que se le quiten a otro, vienen a ser fuente de disputas y de combates entre los que a la vez las pretenden. Te indigna que tu esclavo, tu liberto, tu esposa, tu cliente te contesten, y después te quejas de que la libertad esté desterrada de la república, cuando la has desterrado de tu casa. Además, si callan cuando les preguntas, les tratarás de rebeldes. Déjales, pues, hablar, callar, reír. ¿Delante del señor? preguntas; más aún, delante del padre de familia ¿Por qué gritas? ¿por qué llamas? ¿por qué pides látigos en medio de la comida? porque tus esclavos han hablado, porque en el mismo sitio no reina el tumulto de la asamblea y el silencio del desierto. ¿No tienes oídos más que para escuchar cantos dulcemente modulados, sonidos que brotan en suave armonía? Debes acostumbrarte a las risas y a las lágrimas, a los halagos y a las contradicciones, a las noticias agradables y a las tristes, a la voz de los hombres y a los rugidos y ladridos de los animales. ¿Por qué, mísero, te estremeces al grito de un esclavo, al sonido de una campana, al crujido de una puerta? por delicado que seas, has de escuchar el fragor del trueno. Lo que digo de los oídos, puedes aplicarlo a los ojos, que no son menos caprichosos, si están mal educados. Oféndeles una mancha, una suciedad, una pieza de plata que no está muy luciente, un vaso que no brilla al sol. Esos ojos que sólo pueden soportar mármoles de colores recientemente pulidos, mesas con chispeantes vinos; que en la casa no quieren reposar sino sobre tapices bordados de oro, se resignan sin embargo a ver fuera callejuelas mal pavimentadas y fangosas: transeúntes en su mayor parte suciamente vestidos, paredes de casas pobres, cuarteadas, desplomadas y cayendo en ruinas.

XXXVI. ¿Qué razón hay para que lo que no ofende en público, hiera en la casa, sino que allí llevamos costumbres suaves y tolerantes, y aquí desapacibles y quisquillosas? Necesario es educar y fortalecer todos nuestros sentidos que por naturaleza son pacientes: si el ánimo trata de corromperlos, debe llamársele todos los días a cuentas. Así lo hacía Sextio: cuando terminaba el día; en el momento de entregarse al descanso de la noche, examinaba su conciencia: ¿De qué defecto te has curado hoy? ¿qué vicio has combatido? ¿en qué has mejorado? La ira se calmará y hará mas moderada cuando sepa que diariamente ha de comparecer ante un juez. ¿Qué cosa más bella que examinar de esta manera cada día? ¡qué sueño el que sigue a este examen de las acciones! ¡cuán tranquilo, profundo y libre, cuando el alma ha recibido su alabanza o reconvención, y, sometida a su propio examen, a su propia censura, ha hecho secretamente el proceso de su conducta! De esta autoridad uso, y diariamente me cito ante mí mismo: en cuanto desaparece la luz de mi vista, y mi esposa, enterada ya de esta costumbre, guarda silencio, examino conmigo mismo todo el día y repaso de nuevo todas mis acciones y palabras. Nada me oculto, nada me dispenso: en efecto, ¿por qué había de temer considerar ni una sola de mis faltas, cuando puedo decirme: Cuida de no hacer eso otra vez; por esta te perdono: en tal debate has hablado con excesiva acritud: en adelante no te comprometas con ignorantes: los que nada han aprendido no quieren aprender: reprendiste a aquel con demasiada libertad, por cuya razón has ofendido más que corregido: considera en lo sucesivo no solamente si es verdadero lo que dices, sino también si puede soportar lo verdadero aquel a quien lo dices.

XXXVII. Al varón bueno agrada la represión: el malvado soporta con impaciencia al censor. ¿Te desagradan en el convite las agudezas de los chistosos dichas para atormentarle? cuida de evitar las mesas demasiado numerosas: después del vino es más desenfrenada la licencia, porque hasta los mismos sobrios pierden el comedimiento. Has visto a tu amigo irritado contra el portero de algún abogado, de algún rico, porque no le han recibido, y tú mismo te irritaste por él contra el esclavo más despreciable. ¿Te irritarías contra un perro encadenado? éste, después de ladrar mucho, se amansa con el bocado que se le arroja: aléjale y ríe. El portero se cree importante porque guarda una puerta asediada por los litigantes; y su amo, que descansa dentro, dichoso y afortunado, considera como muestra de grandeza y poder una puerta bien guardada: no piensa que es más difícil de pasar el dintel de una cárcel. Reflexiona que necesitas paciencia para muchas cosas. ¿Quién extraña tener frío en invierno, mareo en el mar, sacudidas en camino? El ánimo es fuerte contra las desgracias cuando se encuentra preparado. Te señalan en la mesa un puesto inferior, y te irritas contra el que te convidó, contra el nomenclátor y contra el que te prefirieron. ¿Qué te importa, insensato, la parte del lecho que hundes? ¿Acaso un cojín puede honrarte o rebajarte? Has mirado de mal ojo a quien murmuró de tu ingenio. ¿Aceptas esa ley? En ese caso podría odiarte Ennio porque no te deleita; Hortensio buscarte pendencia, y Cicerón declararse enemigo tuyo si te burlas de sus versos.

XXXVIII. Siendo candidato ¿puedes soportar con calma el resultado de los sufragios? Alguno te ha injuriado, pero ¿más que Diógenes, filósofo estoico? En medio de larga disertación sobre la ira, un niño insolente le escupió, y el filósofo soportó el ultraje con dulzura y prudencia. «No me irrito, dijo, pero dudo si convendría que me irritase». Nuestro Catón habló mejor aún: un día en que estaba defendiendo una causa, Léntulo, aquel hombre funesto y de facciosa memoria, le arrojó al rostro cuanto pudo arrancar de espesa saliva; y aquél, limpiándose el semblante, le dijo: «Aseguraré a todos, oh Léntulo, que se engañan los que niegan que tengas boca».

XXXIX. Hasta ahora, querido Novato, hemos enseñado al ánimo a moderarse, a no sentir la ira o a dominarla. Veamos cómo podremos calmarla en los demás: porque no queremos solamente curarnos, sino curar. Cuidaremos mucho de no intentar calmarla con palabras en sus primeros ímpetus, porque entonces está ciega y loca: le dejaremos tiempo; los remedios son más eficaces cuando declina el mal: no irritaremos los ojos en lo más fuerte de la fluxión para no inflamarlos más; ni los otros malos en el momento de la crisis. El reposo cura las enfermedades incipientes. «¿Para qué sirve tu remedio, dirás, si cura la ira cuando por sí misma se ha calmado?». En primer lugar para que desaparezca más pronto; además evita las recaídas, y en último lugar, engaña a esos primeros arrebatos que no nos atreveríamos a calmar. Retíranse todos los instrumentos de venganza; fíngese ira, a fin de que, mostrándose auxiliar, partícipe en el resentimiento, los consejos tengan más autoridad; gánase tiempo, y so pretexto de buscar castigo más enérgico, suspéndese la pena presente; a fuerza de destreza, se da descanso al furor. Si la ira es demasiado violenta, se le atacará por razones de pudor, a las que no resistirá, o por el miedo. Si es más débil, se la distraerá con pláticas agradables, con relatos de cosas nuevas, excitando el deseo de aprender. Dícese que teniendo que curar un médico a la hija de un rey, y no pudiendo conseguirlo sin emplear el hierro, mientras bañaba ligeramente un tumor en un pecho, introdujo un escalpelo que llevaba oculto en la esponja. La joven hubiese rechazado la operación, si abiertamente se la hubiesen propuesto, y soportó el dolor porque no lo esperaba.

XL. Algunos no se curan sino con engaños. Al uno se dirá: «Cuida de que tu furor no regocije a tus enemigos». Al otro: «Atiende a no perder la reputación de firmeza y elevación de ánimo que todos te reconocen. Me indigno, a fe mía, y no encuentro límites a la venganza; pero es necesario esperar la oportunidad: el castigo llegará. Encierra tu indignación en tu pecho, y cuando puedas vengarte, nada habrás perdido con esperar». Contrariar al iracundo, chocar con él de frente, es irritarle. Necesario es atacarla en diferentes puntos y con precauciones; como por acaso no seas tú persona de tal manera importante, que puedas imponer tu autoridad, como hizo el divino Augusto la noche en que cenaba en casa de Vedio Polión. Rompió un esclavo un vaso de cristal; Vedio mandó que lo cogiesen y le diesen una muerte poco común en verdad; quería que lo arrojasen a las enormes lampreas que llenaban su vivero. ¿Quién no hubiese creído que las alimentaba por lujo? era por crueldad. El esclavo se escapó, refugiose a los pies de César y pidió por toda gracia morir de otra muerte y no convertirse en pasto de peces. Conmoviose César ante aquella cruel novedad, y mandó dar libertad al esclavo, romper ante sus ojos toda la cristalería y rellenar el vivero. De esta manera debía César castigar a su amigo; esto era usar bien de su autoridad. ¿Mandas sacar hombres del convite para desgarrarlos con nuevo género de tormentos? ¿quieres por una copa rota dislacerar las entrañas de un hombre? ¿en tanto te estimas que impones pena de muerte delante de César?

XLI. Si alguien es tan poderoso que puede contrarrestar la ira desde su elevada posición, trátela con dureza, pero solamente cuando es, como acabo de demostrar, feroz, cruel, sanguinaria, porque en estos casos es incurable si no teme algo superior a ella. Demos paz a nuestro ánimo, y la obtendremos por la constante meditación de enseñanzas saludables, por la práctica de buenas acciones, por la dirección del alma hacia el único deseo de lo honesto. Debemos satisfacer a la conciencia, sin trabajar para conseguir buena fama. Aceptémosla, aunque sea mala, con tal de que la merezcamos buena. «Pero el vulgo admira las pasiones enérgicas, honra a los audaces y toma por débiles a los plácidos». Tal vez en el primer momento; pero cuando una vida constantemente igual atestigua que la placidez no es indolencia, sino paz del alma, ese mismo pueblo les ama y reverencia. Así, pues, esta pasión cruel y enemiga nada tiene de útil en sí misma, sino que, por el contrario, arrastra consigo todos los males, el hierro y el fuego; pisotea el pudor, se mancha las manos de sangre y dispersa los miembros de sus hijos. Nada deja al abrigo de sus crímenes; sin recuerdo de la gloria, sin temor de la infamia, hácese incorregible, cuando la ira se endurece hasta el odio.

XLII. Huyamos de este mal, purguemos nuestra mente, extirpemos este vicio hasta en sus raíces, que, por débiles que sean, donde nacieron vuelven a brotar: no procuremos calmar la ira, sino desterrarla por completo; porque, ¿qué temperamento ha de guardarse con una cosa mala? y así lo conseguiremos, si nos empeñamos en ello. Nada nos aprovechará tanto como el pensamiento de la muerte: dígase cada cual como si hablase a otro: «¿De qué sirve dar rienda suelta a la ira, como si hubiese nacido para la eternidad y disipar esta corta existencia? ¿de qué sirve trocar en dolor y tormentos de otros, días que pueden pasarse en honestas complacencias?» Estos bienes no permiten prodigalidad, ni tenemos tiempo que perder. ¿Por qué precipitarnos al combate? ¿por qué provocar el peligro? ¿por qué, olvidando nuestra debilidad, cargarnos con pesadas enemistades, y siendo tan frágiles, alzarnos para quebrantar a los otros? La fiebre, o cualquiera otra enfermedad del cuerpo, impedirá muy pronto las violencias de estos odios que llevamos en implacable pecho: muy pronto se interpondrá la muerte entre los que luchan con más obstinación. ¿Por qué sublevarnos y perturbar nuestra vida con discordias? El hado se cierne sobre nuestra cabeza, registra los días perdidos y se va acercando de hora en hora. Ese momento que destinas a la muerte de otro, se encuentra tal vez muy cercano de la tuya.

XLIII. ¿Por qué no has de recoger más bien tu corta vida, y hacerla tranquila para ti y para los demás? ¿por qué no has de procurar más bien hacerte amar durante tu existencia y lamentar después de tu muerte? ¿por qué has de trabajar en la caída del que te trató con altivez? ¿por qué has de empeñarte en asustar con tus fuerzas a ese otro que ladra detrás de ti, y que, vil y despreciable, es molesto para sus superiores? ¿por qué irritarte contra tu esclavo, contra tu señor, contra tu patrono, contra tu cliente? Ten paciencia por un momento: he aquí la muerte que viene, y a todos nos hace iguales. Con frecuencia nos divertimos en los espectáculos matinales de la arena, al ver la lucha de leones y toros encadenados juntos: desgárranse mutuamente, y allí está esperando el que ha de rematarles. Lo mismo hacemos nosotros; atormentamos al que comparte nuestra cadena, mientras que igual fin amenaza a vencidos y vencedores, y tal vez en la primera mañana. Mejor es que pasemos en reposo y en paz los pocos días que nos quedan, y que nadie mire con odio nuestro cadáver. Más de una pendencia ha terminado a los gritos de los incendiados en las cercanías, y la presencia de una fiera ha separado al ladrón y al viajero. Imposible es luchar con un mal pequeño, cuando domina miedo mayor. ¿Qué tenemos que ver con los combates y emboscadas? ¿Puede tu ira desear al enemigo algo más grande que la muerte? permanece tranquilo, que morirá: pierdes el trabajo al querer hacer lo que ha de suceder. «No quiero precisamente matarlo, dices, sino condenarlo al destierro, a la deshonra, a la ruina». Antes perdono al que desea la muerte al enemigo que el destierro, porque esto es propio de ánimo no solamente malo, sino vil. Ora pienses en penas graves, ora en leves, considera cuán corto tiempo soportará él su dolor, y experimentarás tú culpable placer en el padecimiento ajeno. Exhalamos vida a la vez que respiramos. Mientras permanezcamos entre los hombres, respetemos la humanidad: no seamos para nadie causa de temor o de peligro: despreciemos las pérdidas, las injurias, las ofensas, las murmuraciones, y soportemos con magnanimidad pasajeros contratiempos. Al volver la cabeza, como suele decirse, encontramos la muerte.

Made in the USA
Las Vegas, NV
11 January 2023

65317105R00030